公民社會

辯護之餘，反思政治、哲學與文化

曾友俞 著

從異鄉人知道卡繆，再進而知道薛西佛斯這被神罰的罪人，存在主義式的回應是在面對這永恆的苦劫時，作為意義賦予而有能動性的主體，讓荒謬的現實在轉瞬間成為被所創造的意義凌駕的標的。

這多振奮。

但可怕的事情是，若在萬事萬物上拼著命去尋找意義，不啻其實仍然是薛西佛斯，只是這次的石頭換成另一個樣子，這主體自由終局卻被發現是個幻覺，因為來自於自己創造的教條也會在神祇死亡的今日，持續地鞭策自己，並發出嚴厲的訊問：「意義呢？意義呢？意義呢？」

終究是荒謬的生命。

另外，

獨處最好的陪伴或許還是文學了，尤其是夏目漱石。

—推薦序—

種下現代公民社會的火苗

文／王紀軒（中國文化大學法律學系副教授、
人工智慧法律國際研究基金會副執行長）

今年六月初，曾友俞律師與我聯繫，告知《公民社會：辯護之餘，反思政治、哲學與文化》即將付梓，希望我撰文推薦；聞訊後，二話不說，欣然答應。友俞與我的相識，是在大學課堂上，熟識則是在課餘。友俞在校期間，認真向學，自毋庸多言，更重要的是：大學時期，友俞已熱切探究法律背後的思想，而非僅是法條表面的操作；研究所時期，進一步關懷社會或政治的議題，廣泛閱讀文史哲書籍。形成思想，與形成思想文字，是截然不同的事情；友俞願將年輕的思想，透過文字與眾人分享，誠屬可貴。

在我粗淺看來，本書最重要的用心可能是，作者希望提升臺灣公民社會的高度。

公民社會不應該只是共同利益或選舉儀式，而是理性關懷社會議題，並能無所畏懼地抒發個人看法，平心靜氣地與他人的不同意見交流。或許，友俞正嘗試為現代公民社會奠基，所以提出個人看法，批判這些躲藏在臺灣社會的重刑、父權、民粹等幽靈，期待臺灣社會，可以朝向罪刑均衡、性別平等、民主自由等理想境地邁進；同時，也為臺灣社會不同意見難以交流的現象，點出病灶：可能是長期的政治壓抑，或對人文社會學科的漠視。其實，漠視人文，極可能使人喪失包容心，像一隻刺蝟，每當遭遇相異的主張，就馬上張開尖刺，拒絕任何溝通，甚至在刺尖上塗抹劇毒，欲取他人性命。這是當代臺灣的苦境，尤其論及統獨或藍綠，許多人只要立場不同，立刻化為厲鬼，毫無人性。

同樣的，讀者也可能在書中看到不同於自己的看法，毋庸怨懟不滿。友俞提出自己的意見，讀者也可以。這是臺灣可愛、可貴的地方。譬如，友俞說，父女時常宣稱彼此是前世情人，但母子卻不會；這樣的認識，可能受限於友俞年輕的生活經驗，因為家母與我，或身邊友人，母子間也會以前世情人開玩笑，或表現親情美好。但是，無論友俞的想法，讀者支持或反對，重點在於，讀者能透過本書，與「友俞的思想」進行觀念世界的交流。在書中，友俞提供許多他在法律、政治、社會與哲學上的想法，或許您是這些領域的專家，覺得友俞的看法並不成熟；但勿忘，年輕的他向大家送出了邀請，一同提升臺灣公民社會的邀請，因為「這個社會是否繼續吃人，就端視所有存在是否願意一同昇華了。」

本書並非教科書或學術性論文，是作者以自己的筆觸，書寫自己的想法，套友俞的話是「跟自己說話，讀者的看見只是個偶然」；但我更感覺，這是友俞對臺灣這塊美麗土地的溫柔呢喃。對之，讀者可以輕鬆看待，在咖啡廳、捷運上、森林間、碼頭旁，隨意自在；但如果花了時間，與友俞的思想產生交流，便請認真思考，無論「您的思想」與友俞是否站在同一次元，我們的思想都會讓我們的土地，盛開美麗的花朵。綜此，本人對於曾友俞律師的文集，樂於推薦。

2020年10月14日

於臺北·失物招領咖啡館

—推薦序—

讓人接近完整的嘗試

文／陳柏惟（現任立法委員、臺灣基進黨發言人）

閱讀友俞的《公民社會：辯護之餘，反思政治、哲學與文化》，內心對作者升起不捨和敬佩兩種情緒。友俞很有勇氣。怎麼說呢？他剖析自我十分冷靜自持，毫不留情地坦白，這樣的特質，在他分析法律、群眾、社會與社群現象時，也充分顯露。

可能因為文化與教育，我們的社會比較不鼓勵表達自己真正的意見，小從午餐要吃什麼，大到國家政策方向，我們常聽到「都好」、「再看看」、「我想想」，或者是「我是中立的」、「我沒有色彩立場」。而友俞的文章，毫不猶豫地坦露自己的想法和立場。我不見得同意友俞的每一個看法，但很同意人要選擇自己的立場，我們不應該去害怕「立場」這件事，透過大家互相交流自我的價值觀和意見，我們才有辦法形塑共同的國家意識。

我很欣賞書裡友俞寫電影《一一》的這段話：「你看你看到的我看不到，我看到的你也看不到……這樣，不是就有一半的事情看不到了嗎？」現實裡我們永遠的匱缺，會總是遺漏另一半，但在生活的社會裡，也有人是那麼純真地試著讓不完整的我們去完整，雖然是孤單的，但所有這樣的人同樣地、共同地，在這個社會中讓彼此完整的孤單。友俞說，那，或許就不再孤單了吧？

我想回應，友俞你不孤單，而閱讀這本書的讀者，也將不孤單。當我們分享我們看到的，當別人分享他們看到的，我們終能拼湊出接近完整的事物全貌。這就是這本書帶給我最大的感動！

—推薦序—

公民典型的愛智之旅

文／陳瑞麟（中正大學哲學系講座教授）

曾友俞律師是我在社群媒體上認識的年輕朋友。從網路互動中，我知道他不僅具有深厚的法律專長，也有十分濃烈的人道情懷，更加關心臺灣政治社會的種種議題。

身為大學教師，我常鼓勵並期許學生能成為關心社會、廣泛吸收新知、將所得融會貫通、並能反思社會現實的優秀公民。閱讀友俞這本大作不僅讓我更加理解他，也彷彿找到了期許的優秀公民典型：飽覽群書、愛好智慧、兼具反思能力的有為青年。讀這本書彷彿與他本人往來。我建議讀者打開第一頁從序文「為什麼寫作？」看起，這是一篇自白書，友俞赤裸裸地向讀者解剖自己的成長經歷，自我診斷與寫作治療的過程，讀來驚心動魄，卻也吸引人一頁又一頁讀完全書，因為這是作者認真而深刻的人生。確實，友俞以法律謀生，但以閱讀和寫作過人生：生活、閱讀、寫作、甚至書本身，對友俞來說，都是嚴肅以待的大事，是生命本身，最後可歸結於「愛智」兩字：「而『哲學是什麼』這個問題的答案，就能去回答我們閱讀是為了什麼，以及書是什麼的問題：愛智（philosophia）。」這是本書的最後一句話，鏗鏘有力。

從打開本書第一頁到最後一頁合起，我彷彿也重走曾友俞至今經歷的這趟愛智之旅，並學到許多自己不曾領略過的法律、政治、社會與生活上的觀念與思想。因此，我推薦《公民社會：辯護之餘，反思政治、哲學與文化》做為書桌上的開卷之一。

—推薦序—

法律硬文字背後的溫暖關懷

文／黃俐雅（人本教育基金會工作委員、教育部性平會委員。

著有《雞婆的力量》）

一位熱血又愛推理的年輕律師出書啦！

非法律人的我要理解法律術語有困難，讀曾律師的文章後好像懂了，但又有新的疑惑，來回看著才知道我是卡在他的例證中，有表象的、有動機的、有深到骨子的價值觀，錯綜複雜間有理性辯證，卻又有濃厚的人性光輝。

我的本業是公共衛生，曾以為法律離我很遠，似乎不作奸犯科就是絕緣了，直到我在人本基金會處理校園事件，歷經二十年與教育行政、媒體、法院交手，領略到生活處處是法律，諸如停車、簽收、說話、人際都有界線存在，逾越了就是法律問題了。也曾以為法條是硬的文字，其實大多是在悲慘中殺出來的血路，標誌著人類文明的里程碑；如玫瑰少年葉永鋕案後有了《性別平等教育法》。法律更是對人權的保障，例如《教師法》修法後，八年來解聘近四百位加害教職人員，在我受理的修法前十六年中，無論老師性侵多少學生、無論累積犯行多少年，幾乎沒人失去教職。

認識曾律師是在書局，印象深的是他熱愛閱讀與溫暖追問事情的態度。我開車回家途中瞥見離開書局的他，是騎著單車耶——很文青電影的畫面。

看他的書，從文字間會體會一些法律的名詞與意涵、釐清迷思的邏輯、扣問現象的後臺、摘錄的文學金句，以及我體認了懂法的法律人常是超越法條的，畢竟律法是人訂的，人的思考主體性不能被法條框住，這是豐厚的人文素養與人道關懷下的謙卑。

─推薦序─

作為整全之人，是成為公民的前提

文／盧斯達（香港作家、時事評論員）

從曾友俞律師的文稿，我得到一種對「法律人」的新理解，看到一個法律專業者對存在主義、國族主義、亞里士多德、霍布斯、心理學、神話、後現代政治正確思潮……乃至寫作意義本身這些「社會科學」問題層層展開，又與「法律」和「刑罰」的母題互相滲雜呼應。法律如果不「泛論」，而是「窄論」，就會淪為純技術，而純技術最容易淪為統治人的工具。

香港曾是英國殖民地。英殖民主置入的法律、法治意識乃至人本身，最終都是工具，是為了方便統治，一種機械邏輯。歷史形成的氣候，是統治者雖然「比較文明」，但也極少鼓勵人民思考何謂法、為何設置法、乃至人的尊嚴這類本質問題。

香港的法治意識，大體來說就是「總之犯法就不對」。不只是平民，即使法官審判政治而引發的衝突案件，也會說明法庭不處理政治問題，亦不承認「公民抗命」的想法，破壞治安就要懲罰。至於書中也提及的問題——權力頒布的懲罰是否能改變行為、是否有益於greater good、而greater good又如何定義、對犯人和社會有什麼長遠影響，體制亦不理會。此即「窄論」的法治，是一種非人文主義的法律。

這裡就引伸出關於知識分類的困境。知識的分化是因為發展需要，因為要繼續往前走，於是越來越專門。越來越專門就導致各種知識之間互不相認，所謂「道術當為天下裂」。知識分化到某個程度，就開始非人化，像坊間所說的文組理組之分。文組容易十指不沾陽春水，容易淪為理念過盛、不知世務的左膠；理組容易淪為工具，陷入另一種伊比鳩魯式天真。曾有朋友跟我說：你知道什麼人特別喜歡柯文哲？就是那些數理人、科研人，或者人生大部份時間都在學院裡的知識菁英，他們就特別相信藍綠一樣爛、兩岸一家親，他們只關心技術突破，對政治甚至人類採取一切無所謂的犬儒態度。

例如律師，除了如何打贏官司，還有更多需要理解的事；例如文人，除了理念的純正性、道德和進步的光環，還有更多需要理解的事。這本書也正是關於裡面提及的「公民適格性」，如果世上有一種理想的公民，也必然是類似這個理念的源頭——那些既行動又沉思、寄託於「總體的道」而不是沉迷於「術」的人。公民共同體的概念，令人有可能逃出知識分化的詛咒；反過來說，也只有那些能逃出知識分化詛咒的人，才可能進入適格公民的窄門，成為本真的共同體一員。

推薦語

展現在讀者眼前的，是作者瘋狂閱讀，密集書寫，去蕪存菁的心血。過去幾年曾友俞律師試圖往無止盡的知識思想的深海探究，找到可以讓他安心立命的支點。這本書或許可以為你帶來啟發與靈感，也可能激起想與之爭辯的不滿，都好。這就是閱讀的好處，你不會無感。

——成令方（高雄醫學大學性別研究所教授）

我始終認為，每個人的人生價值必定是截然不同的，要如何挖掘內在對生命對自我的定位勢必要經歷一場漫長的過程。有人在社會上跌跌撞撞才知道自己要什麼，有人到了生命的最後才發現，有人透過不斷的對話及論辯有一些結論。友俞的書坦白說乍看艱澀但論證直白有條理，我認為靜下心來看看想想，可以學到一套分析的方式，非常有收穫。

——吳欣岱（醫師、臺灣基進黨不分區立委提名人）

這本《公民社會：辯護之餘，反思政治、哲學與文化》是友俞在律師專業之外，用一種調皮的法律哲思學家的姿態，把人性、社會、文化、道德等砝碼，悄悄地置放堆疊在那位法律背後正義女神手中的天秤之上。於是，友俞便以此拉開一場法律、正義、罪與罰的重估曲目，並藉此旋律帶領著讀者開始一場屬於臺灣社會現象的重思之旅。

——陳奕齊（臺灣基進黨主席）

將時事觀察與哲學思辨結合，娓娓道來，帶著讀者一起展開反省咀嚼的旅程。

——黃宗旻（文化大學法律系副教授）

殺警一案，因年輕、寶貴生命的逝去，著實令人惋惜且不捨。卻也因此突顯政府機關及社會大眾長年來未深入了解相關事件所呈現的核心問題！美國心理學家Abraham Harold Maslow於其「層次需求理論」提出，「安全需要」包含對於「人身安全」、「生活穩定」以及「免遭痛苦、威脅或疾病」等需要。而現時的我們，「安全需要」滿足了嗎!?推薦有所疑惑的讀者們，不妨透過曾律師友俞此次大作，在閱讀中不斷驚呼，尋找答案！

——黃馨瑩（執業律師，曾任基層警員及臺灣桃園地方檢察署檢察事務官）

|序| 為什麼寫作？

本來沒想到要寫什麼序，總覺得這是一件奢侈的事情：這份書稿是在平常的寫作之中摻雜了一些對於生活、政治以及本身專業領域的刑罰的思考，同時還有秀威接受我的投稿並願意幫我出版，才得以成書。這點我是受寵若驚的，畢竟在還不知道將來想做什麼的十六歲我想過當作家，不過那是一飄即散的日間遐想而已。而會說摻雜是因為這些東西不是我寫作的主要內容，我寫作的主要內容是書評，數量至今約有兩百多篇，正因為寫作的題材是這樣，我才思考起了我「為什麼寫作」這個事情。

我是個強迫症患者，我也是在家暴中長大的，這些都會是高夫曼（Erving Goffman，一九二二—一九八二）的《汙名》（*Stigma: Notes On The Management OF Spoiled Identity*）中所提到的可貶者，而這樣的人物在大多數的情況中會管控訊息的流通方向（是否要流通給特定人），起初我懼怕著告訴別人這些事情，只有對我最好的朋友我才帶著徬徨的心情、鼓起勇氣吐實，我記得我得到的回應讓我感到窩心，「這不就跟感冒一樣而已嗎？」這讓我感到好像沒有什麼大不了的，此前一直以來我覺得這是個羞恥的事情；這來自於我那雖然處在醫療體系，但是對於精神疾病的汙名與偏見卻絲毫沒有跟上時代的原生家庭。

例如強迫症是我太要求完美、失眠是我想太多，控制不住自己的想法是因為沒有自制力，或是要聽到：「哼，強迫症？」這種把精神疾病扁平化為抗壓性低的輕蔑言語，那時為了看診不看診鬧得天翻地覆，後來我屈服了，我相信他們說的這些藥會傷腦，而從小我被灌輸的是我很聰明、我很特別，所以我害怕成為有任何一絲腦力減損的個體。直到後來我偷偷去看診，偷偷吃藥——這可是費了我一番決心——我還必須比較：如果我腦力是百分之一百，但因為症狀的關係沒辦法完全發揮，只能有百分之六十的表現，而吃藥後腦力剩下百分之八十，但因為可以完全發揮所以能有百分之八十的表現，所以我才痛下決心做了這個決定；到現在我發現，其實根本沒有任何影響，我的生活只有更好，好到我忘記當初多淒慘的程度。

而這份淒慘正是我要談這個問題的重點，也是我思考我為什麼寫作的歷程的中繼。強迫症主要分成強迫思考與強迫行為，在我的情況中前者就是會有侵入性的想法，例如我看到廟寺的神像會看到有精液在神像上面，而這樣的痛苦正是來自於一般人（包括我）對於宗教都是抱持著崇敬不可褻瀆的觀念，但這樣的侵入性想法會讓自己覺得十分悖德，超我會一直譴責自己，所以我就要默念對不起，可能是三次、七次、十三次、二十二次，如果我忍耐不住還要再多一次的話，就要重來；我洗手、檢查門鎖都是一樣的要遵守次數，後面這些行為，包括默念對不起、洗手、檢查門鎖，正是因為要消弭褻瀆、骯髒以及門沒關的不安全感，這就是強迫行為的意義，偏偏這只會強化惡性循環。

越是具有責任感的東西就越會誘發強迫想法，所以當要準備國家考試時，我反而連書的一頁、一段、一行、一個字都看不過去，我必須要創造教條給自己遵守，所謂的教條就是不問理由的服從，我總是很喜歡蝙蝠俠，因為他也是這樣的遵守自己創造的不殺人戒律。所以我不問理由的在二十歲時每天要鍛鍊身體就做五次三十下的伏地挺身，如果今天太累太忙，隔天就要補做完，即便今天重感冒發燒才剛打完針，我也會爬下床硬是做完，因為教條的遵守是不問理由的。

而這跟寫作有什麼關係？原先我沒有寫作的習慣的，在我準備國家考試時，我有著考試的壓力，並且要漠視症狀帶給我的困擾（那時候由於家庭的傳統偏見我還不敢看診不敢吃藥），到後期因為真的太枯燥，我決定如果考上我就要讀很多很多書。而我如願了，應屆的律師。所以我開始大量的閱讀，我的願望就是把我的書櫃放滿各式各樣的書，我也從不懂看書、會買些什麼科普式的誠品暢銷書籍，到後來我開始捕捉的什麼是

「書」——真正具有知識內蘊的載體。

因緣際會參加了線上讀書社團，依照規定要在一定期間內繳交看書的心得，所以我開始寫作，我從書的心得開始寫，到後來覺得既然要寫，那就好好寫，所以我開始下副標，抓出整篇著作的主軸，寫成一篇書評。幸運的是我將費盡心思的作品拿去投稿，然後獲刊了！我感受到我的能力被肯定，於是就更努力地寫。原本我可能好幾篇之中才有一篇認真寫，後來變成每一篇都認真寫、每一篇都下副標寫成一章又一章的「書評」。

在這過程中，我也因為大量的閱讀而對社會、政治，還有我原先的領域有更多的省思：我對什麼有了靈感就記下來，然後創造一個主題，形成一篇文章，這就是本書中每一個章節的由來。但是我寫作的比重上大部分還是書評，本書三十幾篇的文章總量加起來可能要乘以三才是我的書評總量——我這才發現，兩年多了，我又好像不自覺地陷入強迫症這種不經思考遵守教條的習性。當然這未必是壞事，因為隨著大量閱讀、大量寫作，我提升了文筆也寫出了自己的方式，同時我還能把每一本看過的書做些整理，幾乎是沒有壞處的。

然而，我發現我不知道自己為了什麼而寫作。

有天晚上我突然又失眠，覺得自己寫作的內容大部分都是書評——確實，這些書評可不只是書摘，我是把書中的片段給擷取，或許是疊加上我的看法，又或許是以我的觀念予以批判——但就是在這裡我才發現，這些東西不完全是我的，再怎麼樣一篇書評至少有一半會是他人的東西，無論是哲學家、文學家、小說家還是科學家；我發現我還是自私的，我想要有一個全然自我的東西，我想要獨占，或許這能滿足我的權力慾，但我想這是無害的。

於是我比較，比較本書中的各種文章與我寫的書評，比較我的研究與我的書評，我才發現其中的差別：我發現我喜歡的是前者，我發現我把太多重心放在關注他人的事物上，自我就在這個過程中弭散，總是需要依附他人的創作來「二創」；在這樣的脈絡中，確實地，沒有這些人的這些東西，也就不會有我的那些東西，這讓我感到一陣空虛。

就如同閱讀一般，我認為「目的」這件事本身就不會是外求的，也就是說，不會是要求取功名、博得讚譽還是廣聞的美名，閱讀的目的是內在的（intrinsic），吳爾芙（Virginia Woolf，一八八二—一九四一）在《如何閱讀一本書？》（*How Should One Read a Book?*）說：

> 然而，無論那目的有多吸引人，有誰是為了一個目的來閱讀呢？我們會做某些追求，或許只是這些追求本身就很有趣，有些喜悅是無可替代的？這難道不就是其

中之一嗎？至少，我有時會夢想著，當最後審判日到來時，偉大的征服者、律師和政治家都會接受他們的獎賞——他們的冠冕、榮耀，他們的名字會顆在永不崩壞、無法抹滅的大理石上——而當看到我們臂下挾著書本走近時，上帝或許會不無嫉羨地轉身對彼得說，「你看，那些人不需要獎賞。我們這兒沒有什麼可以給他們了。他們熱愛閱讀。」

寫作也是同樣的，尤其兩者的共通點更是在於其共享的反社交性，也就是十分孤獨的「自我」。寫作只因為是寫作就具有意義，不是因為能記憶下任何東西，更不會是譁眾取寵能讓更多人喝采，也不是獲取任何利益，寫作是因為「寫作」這個活動的實踐本身，就具有價值，所以即使沒有人看，我還是要寫。

或許之前我沒辦法說我為了什麼而寫，因為我就如同機械一般的反覆著敲打鍵盤，結合出一篇半自我式的文章，但在這樣的省思之後，我想我能回答出我寫作的意義何在。

寫作對我而言，不為了什麼，本身就具有實踐的意義，而我也在走了這麼一趟寫了幾十萬字我才發現我想要寫的是什麼，能讓這個實踐更加地貫徹寫作的活動價值，我想要完成的東西是像本書這樣的完全出自於我，或說就是「我」的東西，這讓我感到滿足，也讓我不後悔像機器般地完成那麼多書評，因為是在這個過程中才催生出我的寫作動能，也是在這個過程後我才找到對我而言的寫作意義。

而我寫作那些東西，就如同我寫這篇序，寫作只因寫作而為，所以也沒有什麼羞恥與否、誠實與否的問題——因為可以假想地說我是在跟自己說話，讀者的看見只是個偶然。不過，若讀者能看見並且能對我的思想有所感觸甚至認同，或者批判也好，那我想，也會是我的幸運。

目次

第二章：泛論生活

第三章：泛論政治社會

第一章
泛論刑罰

沒念法律都支持死刑，念了法律都反對死刑？

大學時曾聽聞：有教授在課堂上與課堂外，詢問法律系學生以及非法律系學生對於死刑的態度，結果是法律系學生幾乎都反對死刑——或說支持廢死，而非法律系學生幾乎都支持死刑。我也曾在類似的場合提過相同的問題，結果確實發現是否修習法律對於此問題答案的影響是兩極的。那麼我們該如何理解這個現象？

教育，公民教育。

唯一能區別出法律系學生及非法律系學生的差別就是對於法律學科的修習，而法律系的教育除了各個法科中更為深入的學識之外，更重要的是法學的基本原則的教導，在當代尤為重要的即為：「基本人權」。這個前提認知使得習法者對於任何基本權的剝奪或限制有著更為敏感的知覺，也對於這樣的措施有著更為批判的眼光，特別是後者又牽涉到法律與政治的權力分立觀念建立後，對於國家權力互相制衡的理解，而使得習法者對於國家權力的行使更為戒慎。

不得不說的是，普遍而言在刑法學的教育中，教科書對於刑罰理論中的應報理論（retribution theory），多為泛言批判其不具有目的性、或是桀出一個「應報是反對的反對」的稻草人就草草批評了事，而從未深究理論的真正內蘊或是其他支撐來源，再加上刑罰理論中的威嚇理論（deterrence theory，一般稱預防理論）具有將人作為工具的傾向，違反了法律係教育中常見的、源於康德（Immanuel Kant，一七二四—一八〇四）的「人以自身為目的」所發展出的人性尊嚴觀——雖然是在五〇年代西德的基本法才明文化這個原則，且應是基於對二戰時期納粹政權迫害猶太人的反省而來——使得法律系學生更為傾向反對死刑。

憑藉基本人權的觀念即可了解到：在邏輯的先後次序上，我們是先肯認了「人的基本權利」，再以之來檢視「對於基本權利的干預」。若以訴訟上的舉證責任來陳述這個語句，意思就是：必須要證明的是干預基本權利的正當性，而非反之。

然而，對於非學習法律者而言，這卻如異國語言般地不可理解。固然義務教育中有公民教育的課程，但在我個人的生命經驗中，直到我決定要參加律師考試的大四那一年，我才開始知道律師要學習什麼、要成為一個律師需要什麼、當一個律師要做什麼。

換句話說，義務教育的公民課程在我個人的經驗中是完全陌生的。近期得知了高中的公民課程有著哈伯馬斯（Jürgen Habermas）的審議民主觀念[1]，但在這升學主義氾濫的島嶼，很難不讓人懷疑：能真正去理解審議民主機制的有多少？而為了滿足考試的正確答案去背誦的又有多少？

回到法律系與非法律系學生對於死刑議題的相歧理解，或許可以提供的解釋是在於許多法律系學程中的知識——例如基本人權，並非只應該由法律系學生來學習與了解，而應該是身為一個國家的公民都必須學習與理解的。死刑的議題並不只是法律問題，更是政治問題。畢竟「政治就是生活，生活就是政治」，生活在一個政治社會中我們無處不政治，關心政治——也就是關心生活——是身為公民的義務與責任。然而我國畸形的教育系統使得履行公民義務所必要的條件匱乏，也使得公民被劃分出各種的對立群體，對各種議題產生相反見解而拒絕溝通，最後留下的只是不斷地叫囂。

公民教育是問題——公民群體或因特定知識的缺乏而有對立、衝突。因此所產生的種種衝突具備著隨時劣化的風險，使得一個政治社會的分化可能更形嚴重，而無法再凝聚同質性的認同。然而事情不總是那麼悲觀，因為公民教育也會是問題的解答，只要開

1 當代民主是代議式的民主，而審議民主所希望改善的正是在政策決策的做出前，先經過集體的理性討論、溝通，才得出政治實體的前進方向。

始對話，進而互相理解，提出自身支持或反對的理據，進行溝通，終究有形成共識的可能，而這樣的共識才能使得社會中的個體具有共同絆繫的感知。

精神疾病的斷罪

近期在臺鐵上發生了一名中年男子因爭執拿刀捅了鐵路警察的事件，警察的肚子因刀傷而臟器外露，經急救仍因失血過多於翌晨宣告不治。後來的發展是這位男子有精神病史卻未續追蹤；媒體也追上了兇嫌的家裡，兇嫌的妻子下跪道歉。這樣的情節宛如戲劇，且就宛如前陣子造成相當共鳴的《我們與惡的距離》，差別在於《與惡》裡面沒有設定社會大眾觀看過類似《與惡》的劇碼，而現實社會在《與惡》之後，對於網路上撻伐兇嫌的聲音以及媒體循著血跡追獵到了兇嫌家的情況表現出反彈、批判，以及呼籲停止的聲浪，這是一個改變。

針對這次的事件，常有諸如：「最後一定是精神疾病所以不能判死啦」、「政府不作為才放這種人到處殺人」等等的意見，這樣的聲音反映出的論點是：「精神疾病是遁逃的藉口，而這個人的犯行嚴重，不應該讓他以精神疾病脫卻責任」，以及「國家應該要把這些人牢實地驅逐於社會之外，以免對社會造成危害」。當然把責任全部推給國家政府可能是帶風向的行為，不過值得澄清的是：在「法律上」，即便是精神病患，縱使輿論已經把這個人的價值貶低為禽畜，我們仍然把他當作「人」來看待，只有在符合某些要件的情況下，例如「非完全行為能力」、「非完全責任能力」等等，在法律上會導致能力的降格。然而即便如此，仍不逸脫於對人的基本權保障範圍。

在法治國家底下，只要是「人」，對其人權的保障就不會在沒有正當理由的情況下進行區別對待，尤其輿論的偏見產生的「我群」與「他者」的區分更不會是區別對待的基礎；相反地，從制度而論，是在承認了「所有人的人權」後，立法作出調整與配合，如精神衛生法第四一條第一、二項：「嚴重病人傷害他人或自己或有傷害之虞，經專科醫師診斷有全日住院治療之必要者，其保護人應協助嚴重病人，前往精神醫療機構辦理住院。前項嚴重病人拒絕接受全日住院治療者，直轄市、縣（市）主管機關得指定精神醫療機構予以緊急安置，並交由二位以上直轄市、縣（市）主管機關指定之專科醫師進行強制鑑定。但於離島地區，強制鑑定得僅由一位專科醫師實施。」所以，國家政府並不是只要認定是精神疾病就可以安置（抓捕）、隔離（監禁）、治療（強制）。精神疾病的內容會更動，是否確實依據標準執行也是個疑問，在修辭的背後則可能是權力的濫施，而這就是極權專制國家對待政治犯的做法：只要把罪犯稱作病患就可以了。所以，身處法治國家的現下所必須理解的是，依照法律才可以對所有個體——人——採取行動，必須要符合法律上的要件，才能對於人民基本權施加干涉。這應該成為一種「常識」。

如果在訴訟上人民有權利做出攻防，那麼「被告」（而不是罪人）行使憲法所賦予的正當權利應無可疑才是，就像所有可能出現的抗辯一般，例如抗辯沒有過失、沒有偷竊、行為是正當防衛等等，行為時精神障礙也是抗辯的一種，這是一種罪責的抗辯。責任概念的基礎正是在於：我們若要一個人負上完全的責任，前提是在於他有完全的自由，若該個體因為心神障礙導致自由並不完全，則當然無法負擔所有的責任，更不用說現下流行的論調——即犯罪行為是社會結構扭曲的彰顯——的因素尚未被審視。所以如果要從應報的思想來論處任何行為人，考慮到是應得（desert），我們或許應該再想想，他真的應得嗎？或者這只是某種群情激憤、想要在輿論上鼓吹排除異體以維護「我們」的安全的恐懼呼聲而已？有完全的自由才能負上完全的責任，這才是公平與正義不是嗎？還是恐懼已經壓過我們的道德觀念？當我們不再是個道德人，我們還會是「人」嗎？如果不是，我們與這個具有障礙——意志不自由的不完全的個體，有什麼差別？

另外，精神疾病除了生理性的原因之外，也有社會性的原因，這裡說的並非「疾病來自於基因遺傳跟環境的交互作用所產生但仍無法確定病因」的老生常談，而是「精神疾病本身就是種社會建構」。例如在《精神疾病診斷與統計手冊》（*Diagnostic and*

Statistical Manual of Mental Disorders）第四版在一九七三年以前仍將同性戀列為精神疾病，假設到今日有個同性戀拿刀捅死警察，我想很不政治正確的是這位同性戀也會因為他有「精神疾病」這個特徵而被大肆撻伐。當然，警察執勤殉職是件不幸的事，此處也絲毫沒有要淡化此事嚴重性的企圖，然而殺警察的事情除了有幾年前信義區夜店殺警案之外，二〇一九年的偶像型政治人物選舉造勢會場，也出現了曾經涉及殺警案件（且為主嫌）的人物，但對此卻沒有相對應的媒體畫面。若撇除政治對媒體的影響來說，其間的差別只在於精神疾病的有無，但這就是矛盾的地方。依照規範而言，精神障礙是使得人責任減輕的條件，但是在現實中，卻逆行地成為責任加重的條件。但這樣說是有些齟齬的，更精準的說，在現實的社會裡，責任不再重要，那麼公平與正義再也不在群眾的視界裡，社會中的個體並不是不道德的（immoral），卻是非道德（non-moral）——我們不再處於道德的領域中了。

尤其我們所身處的社會是個反抗威權的自由民主體制，我們渴望過自由也得到了自由，在前述的對照中我們可以知道所謂的「療程」（therapy）只不過是把「懲罰」（punishment）透過修辭的方式，將目的置換成「為了你好」（而不是「為了處罰你」），就讓諸如「強制就醫」被正當化，即便在本質上，強迫留在醫療院所與強迫留在監獄是同樣地對自由產生限制，但在恐懼之中，此一置換也讓國家權力的擴張不只被容許，更被支持，尤其政府機關趁著這股民意還表達出對於檢察機關上訴的支持，甚至研議了無限期收容的議案。所謂例外狀態是指如同戰爭或是疫情般地災難性事態，但同樣的模式也將發生於大眾對精神疾病的恐懼，也就是說，若國家可能利用例外狀態的宣示來擴權，那麼是否這股大眾恐懼也可能成為國家擴張權力合理的理據？既然我們熱愛著自由，難道不該戒慎著這一點嗎？

不知道何時開始，精神疾病成為一種罪名，在社會上成為被譴責的一種身分，僅因具備身分而不是行為，就成為了「錯誤」。而無論原先是病識感的有無或是否願意就醫，這種社會壓力所形成的壓抑，將可能導致人對於自身患病進行否認，或者拒絕接受醫療，再形成下一個惡性循環。且在精神疾病這種建構底下，每個人都將是潛在罪犯，因為我們都潛在地可能、將會或已是具備精神疾病的身分，我們都潛在地是精神病患，在對精神疾病斷罪的時刻，我們也斷罪了自己。這就像沒有病識感一般，斷罪者卻渾然不知。然而斷罪又是為何而來？又為何而正當？

《與惡》這齣戲劇會形成流行，或許是由於其中把精神疾病患者李曉明與應思聰的生活給拍得細膩，所有人能去理解與同理角色的處境，且是透過影像的方式呈現。但終究這是一個虛構（fiction）。諷刺的是，當如同戲劇的真實事件發生時，大家出現與對這齣戲劇截然相反的態度，這要如何解釋？我想或許是後者只有以文字呈現出這個故事，而大多數人不願意進行閱讀，即便資料近在咫尺也始終遙不可及。這或許是個公民知識落差過大，閱讀也匱乏的悲哀時代。

懲罰無罪者（punishment of the innocent）

罪與罰，相對相稱，但是想像上——甚至現實上——都不難出現一種情形，也就是對於無罪者的懲罰。這在道德直覺上會感覺到不和諧，但在倫理學上則未必是無法證成。

在義務論（deontology）的康德應報觀中即曾提出正義作為絕對價值，一個即便將要解散的社會群體中，也必須要處死最後一個死刑犯，那麼在正義的要求下，罪者當罰，無罪者當不罰，是道德上的律令，我們具有道德義務應該且必須要遵守。而懲罰無罪者的問題會出現的地方是功利主義（ulitilitarianism）。邊沁（Jeremy Bentham，一七四八—一八三二）提出的功利主義原則是：「最大多數人的最大快樂即是善。」這裡的問題是：是否懲罰無罪者能帶來整體更大的快樂——或是整體更少的苦痛——時，就是道德上對的行動？因此是我們去做的行動？

有一種回應稱作「定義停止」（definitional stop），從懲罰的內涵是指對於違犯者所施加的惡害——the evil inflicted on the offense——來處理這個問題，也就是從「無罪者並非違犯者」的這個語言上的齟齬，來說明那個所施加於其上的惡害並非懲罰，故而就沒有懲罰無罪者的問題。當然，這在語詞邏輯上說得通，但並沒有真正處理到這個困境所帶來的道德疑難，這也就像是學運時警察揮動警棍打學生卻說這是拍肩一樣，我們在意的並不是使用什麼語詞來指涉這個事態，我們關心的是這個事態所涉及的道德惑慮。

以功利主義為基礎的刑罰理論的樣態即為「威嚇理論」，其內容係以刑罰的正當性在於威嚇人民，進而使得犯罪率下降，換言之，施加於罪犯身上的惡小於後果所帶來的善，因此整體的快樂大於痛苦，是道德上正確的行動。但假設今日國家為了使得犯罪率下降，而將一名無辜者抓捕並且判刑，進而執行死刑，那這是正當的嗎？

在此假設中，是否真的有人犯罪這個事實是被擱置的，畢竟在功利主義的視角下，重要的是在結果上樂會不會大於苦：若為肯定則為對，反之為錯。無論有罪與否，只要刑罰所能帶來的效益大於其所帶來的惡害，那麼這個行動就是正當的／對的。不過必須要注意的是：既然這個思想實驗是以功利主義為基礎的倫理學討論，那麼用以義務論為基礎的應報理論來批評在功利主義視角下的刑罰就不會是妥適的，否則這將會把問題轉移到義務論與功利主義的辯論上。尤其正義與否在在功利主義的視角中只是效益的其中一種形式，換言之，在這裡正義是可以被換算成有多少效益的標的；反過來說，不正義至多也不過是比重比較高的代價而已。

從這裡我們可以知道，功利主義—威嚇理論有其需面對的困境：當這種違反道德直覺的情境出現時，理論上所要求的竟然是悖逆於直覺的行動。只不過每個道德立場都有其困難，例如義務論所著重的正義也會因著道德律令的遵守，而在面對可能是城市、國家甚至世界毀滅的後果時也有不得破毀的規誡。於此並無必要提出一個結論，僅需認知到在採取任何一個理論作為立場時必須要具有一致性，並真誠地去回應將會碰到的疑難，這是根本的要求，即便現實經常混雜交錯。我們可能會面臨到是否要懲罰無罪者來獲取嚇阻犯罪成效的問題；也可能會面臨到是否刑求，或者殺害一個人能拯救一個城市、國家與世界時，是否要動手的問題。這都是兩難，不過這就是道德生活，而我們也是具有道德性的主體。

犯罪率沒下降所以威嚇無效？

刑罰理論中以功利主義作為倫理學基礎的威嚇理論，在「以最大多數人的最大快樂為善」的思想指導下，只要利益大於損害，就是道德下行動的指引方針，而懲罰所施加的惡，若在後果上被所帶來良好事態的善所凌駕，那麼懲罰就能被正當化了。

我國大法官釋字第四七六號解釋文（民國八十八年一月二十九日）第二段這麼說：「（毒品罪）……其立法目的，乃特別為肅清煙毒、防制毒品危害，藉以維護國民身心健康，進而維持社會秩序，俾免國家安全之陷於危殆。因是拔其貽害之本，首予杜絕流入之途，即著重煙毒來源之截堵，以求禍害之根絕；而製造、運輸、販賣行為乃煙毒禍害之源，其源不斷，則流毒所及，非僅多數人之生命、身體受其侵害，并社會、國家之法益亦不能免，為害之鉅，當非個人一己之生命、身體法益所可比擬。對於此等行為之以特別立法嚴厲規範，當已符合比例原則；抑且製造、運輸、販賣煙毒之行為，除有上述高度不法之內涵外，更具有暴利之特質，利之所在，不免群趨僥倖，若僅藉由長期自由刑措置，而欲達成肅清、防制之目的，非但成效難期，要亦有悖於公平與正義。肅清煙毒條例第五條第一項：『販賣、運輸、製造毒品、鴉片或麻煙者，處死刑或無期徒刑。』毒品危害防制條例第四條第一項：『製造、運輸、販賣第一級毒品者，處死刑或無期徒刑；處無期徒刑者，得併科新臺幣一千萬元以下罰金。』其中關於死刑、無期徒刑之法定刑規定，係本於特別法嚴禁毒害之目的而為之處罰，乃維護國家安全、社會秩序及增進公共利益所必要，無違憲法第二十三條之規定，與憲法第十五條亦無牴觸。」白話來說就是為了杜絕毒品的禍害所以先斷絕流入的管道，因為如果流入社會將傷害到多數人的生命身體及國家社會，而非一個人的生命身體所可比的，結論上為了維持國家安全、社會秩序、增進公共利益，對於製造、運輸及販賣第一級毒品者處死刑（及無期徒刑）的規定，沒有違反憲法上的比例原則以及生存權，也就是說符合憲法。

然而，根據地方檢察署執行毒品案件裁判確定人數自民國九十四年迄今的數據走向是先上升然後下降；自二〇一〇年起算四年沒有執行死刑的期間，涉及死亡的案件卻有遞減的傾向[1]。在這裡可以知道的是，就算不能作出積極意義上刑罰具有對犯罪威嚇效果的結論，卻已能說明刑罰在現實上對於犯罪確實沒有嚇阻效果。這樣的論述在此並非

[1] http://www.moj.gov.tw/public/Attachment/031016413364.pdf，王清峰，〈理性與寬容——暫停執行死刑〉頁一。

第一次被發表，已有不少的研究指出所謂的威嚇只不過是癡心妄想，原因除了大部分犯罪並不是在理性計算後的行動（因此行為人就無法計算行為所帶來的惡害進而產生嚇阻效果）外，更因為刑罰的隱蔽化使得原先所欲求的威嚇需具備的條件——亦即示範——被遮蔽，故而為了達到威嚇所需要的鮮明印象就被掩蓋了。那麼，是否因此就能說威嚇理論無效？

這裡的問題是所謂的「有效／無效」是什麼意義上的？如果說這裡的「有效」是指規範層面意義上的validity，那麼在所有的假設下所做成的推論只要是合於規則的，就不會因為事實上是否有這個公式的現象發生而影響到有效性，例如三段論的：「所有人都會死——希臘人都是人——所以希臘人都會死。」就是一個有效的推論。威嚇理論的有效性則是奠基在理性人——「主體做出的決定只根據利弊計算，得出的結果是利大於弊時才會行動」的基礎上。同時，倫理學上的基礎是採用功利主義——最大多數人之最大幸福，以及，樂大於苦，作為道德行為準則。在這樣的假設下所作出的推論：「只要理性人看到刑罰的施用，就會因會發現行動的後果是弊大於利，進而克制自己犯罪的衝動。」就會是一個有效的推論。

但是如果這裡的「有效／無效」是事實層面上的efficacy，意思就不同了，在法律上也可以稱作「實效性」，也就是說事物在現實上如同預計發展的程度。比如前述「不執行死刑但是涉及到殺人的案件卻逐年下降」，或相反的「毒品罪的死刑被宣告合憲，但毒品罪的犯罪率卻不因為死刑存在而有降低的現象」，依照現實的數據而言就可以說是「無（實）效」。

而「有效／無效」的概念區分不僅能使公共論辯更有可能達成共識，更重要的是理解概念內涵中「應然（ought to）」與「實然（is）」的不同，我們應該要理解到的是：理論是應然的設定，所以它的有效性不會因為事實的反例而被彈劾；尤其如果這個理論是被支持的，例如在這裡所討論的刑罰威嚇，那麼我們所要做的並不是更換理論，而是要去更新達成這個目的的手段。換言之，在這裡指涉的是：例如用更適當（嚴厲）的手段（刑罰措施）去達到威嚇的目的，所以如果殺雞不儆猴，那就應該殺更多雞或是殺牛、羊、馬甚至殺人來儆猴，在這個邏輯上是這樣。

那為何沒有這麼發生？除了現代有人道的考量之外，還因為刑罰理論目前採用的是「綜合理論」，所以也會有應報、復歸的考量。只不過所謂的綜合就是好的也綜合、壞的也綜合。那麼把所有東西混雜在一塊就是解答嗎？並不然，但這是另一個問題了。

釋字第七八九號：性別平等是價值而不是現實

在徐自強冤案發生後，釋字第五八二號作出，其中內容根本地提升了我國刑事被告的人權，也就是同案共同被告的陳述對於被告而言仍然是證人的證言，必須要經過訴訟上的對質詰問才保障了被告的訴訟權，尤其「自白」不能當作唯一且主要的裁判證據。但是在幾年後的近日，大法官作出了第七八九號解釋，內容上則是認為性侵被害人在因性侵害導致身心創傷無法陳述時，於警察處所作的筆錄在具有可信的情況，且為證明犯罪事實所必要的時候可以成為證據。表面上看來這號解釋似乎跟前面提到的解釋是悖反的，那實際上呢？

首先是釋字第七八九號的解釋文：「中華民國九十四年二月五日修正公布之性侵害犯罪防治法第一七條第一款規定：『被害人於審判中有下列情形之一，其於檢察事務官、司法警察官或司法警察調查中所為之陳述，經證明具有可信之特別情況，且為證明犯罪事實之存否所必要者，得為證據：一、因性侵害致身心創傷無法陳述者。』旨在兼顧性侵害案件發現真實與有效保護性侵害犯罪被害人之正當目的，為訴訟上採為證據之例外與最後手段，其解釋、適用應從嚴為之。法院於訴訟上以之作為證據者，為避免被告訴訟上防禦權蒙受潛在不利益，基於憲法公平審判原則，應採取有效之訴訟上補償措施，以適當平衡被告無法詰問被害人之防禦權損失。包括在調查證據程序上，強化被告對其他證人之對質、詰問權；在證據評價上，法院尤不得以被害人之警詢陳述為被告有罪判決之唯一或主要證據，並應有其他確實之補強證據，以支持警詢陳述所涉犯罪事實之真實性。於此範圍內，系爭規定與憲法第八條正當法律程序及第一六條訴訟權之保障意旨均尚無違背。」

法學上幾乎全數圍繞著刑事被告的對質詰問權討論，這是無可厚非的，在刑事訴訟上這是確認被告是否將要受主權壓抑——也就是刑罰實施——的過程，既然如此，最嚴謹的程序保障是不可或缺的，所以無論是同案被告還是性侵害案件的告訴人，原則上都應該要進入法庭上證人臺簽署結文後，才可以成為法院貫徹直接審理原則並保障被告訴訟權的合法程序。之所以如此規定，是因為「傳聞證據」（hearsay）是前述原則的基礎，在審判外之陳述原則上不得成為本案審判的證據，這也規定在我國刑事訴訟法第一五九條第一項：「被告以外之人於審判外之言詞或書面陳述，除法律有規定者外，不得作為證據。」但傳聞法則是有例外的，例如在刑事訴訟法第一五九條之一至第一五九條之五規定有在公務員製作的文書部分原則上雖是傳聞但仍得進入法庭一般，以及本號釋字的性侵害防治法第一七條第一項第一款。

性侵害的餘波會是什麼？憂鬱症、創傷後壓力症候群等等心理疾病，雖然在刑法上第二二一條強制性交罪的刑度與第二七一條殺人罪的刑度有相當的差距，一個是三至十年有期徒刑，另一個則是十年以上有期徒刑、無期徒刑以及死刑之刑度，但是他們真的有那麼大的差別嗎？一個個體被另一個個體強暴、脅迫地用陰莖插入陰道，這比直接使他人肉體死亡更輕微嗎？尤其被害人可能會因為心理防衛機轉合理化自身受害事件去愛上犯罪人，在法學上現以人性尊嚴為最崇高價值的情況下，性侵害事件的被害人甚至相較於殺人罪的被害人，必須活著見證這一切，他們真的比被殺害的人更不足為道嗎？在結論上，這號釋字認為在有因性侵害致身心創傷無法陳述、有可信性與必要性，同時必須從嚴適用本款（例如必須有醫學專業判定創傷致無法陳述而不是畏訟，且必須盡力傳喚到庭），若能使用電子設備則必須先使用，再予訴訟上補償被告的措施（如加強對其他證人的對質詰問權），也不得以被害人的警詢陳述為唯一或主要證據，且要有其他補強證據——在這樣的嚴格解釋下，這條規定才沒有違背憲法。在這裡我們可以看到刑事訴訟上對於被告權益的重視，而這是正當且合理的。

跳開法學的觀點，也就是跳開被告與被害人的關係，這裡從性別觀點來看這號解釋，也就是進入到男性與女性的關係。現今確實是政治正確的時代，也就是女性、少數族裔、同性戀這些一直以來受到壓迫的弱勢族群成為政治議題熱點的時代，而就性侵案件來說，無法否認的是：確實有個別的女性誣告的案例，但是我們更加無法否認的是：確實有許多女性是性侵案件的受害者，尤其後者的人數比前者的人數還要多得太多。我們更需要進一步去思考的是，即便政治正確的情形貌似有些「超過」，但若回頭去看，造成這股浪潮的原因是歷史上的壓迫，而這些貌似的「超過」只不過是歷史迴盪中的必經過程。性別平等——或任何平等——無疑地是大多數人所共認的價值，因為這與公平及正義有所關聯，然而這是一種「價值」的原因正是因為「現實不是如此」——甚至現實才是產生了人們反思出這個價值的起點。

前述的政治正確時代中現實仍然差強人意，性別不平等的狀況比比皆是。以二〇一五年到二〇一八年四年間的行政院主計處統計數據來說，家庭暴力事件通報的被害人總數中女性是男性的二．五倍；性侵害事件通報被害人的概況，無論職業、無論年齡、無論社會脈絡（配偶、前配偶、鄰居、網友、親屬、情侶、師生、客戶、同學、同事、長官甚至不認識，最多則是男女朋友）、無論教育程度，女性受害人數約為男性的五倍；

性侵害事件加害人統計中男性的人數約為女性的十倍，例如二〇一八年男性是七千二百三十五人，女性僅五百五十九人，而在這樣的事件中性別所佔人數的顯著差距也是不分年齡的；更為顯著的差距是地方檢察署辦理性侵案件統計中的偵查終結起訴人數與裁定確定有罪的人數，甚至達到一千倍的落差，例如二〇一八年男性是一千七百零五人與一千五百零七人，女性則是十九人與八人。即便在民生資料上，每人每月經常性薪資在不同的行業中男性都普遍高於女性，甚至有多出將近百分之四十的經常性薪資（唯一女性高於男性只有在不動產業）。在此，我們必須要先檢視的是造成這個不平等的原因是什麼？

是父權社會。所謂的父權社會有三個特點，分別是男性支配（male-dominated）、認同男性（male-identified）和男性中心（male-centered）。意義依序為社會中的權威地位一般由男人占據，並且提倡男性優於女性的觀念；社會中認同的正面價值與男性的性別與陽剛氣質（masculinity）有關；社會中的焦點總是放在男性的群體上。而這個體制中最重要的是「支配與控制」：先把男性與女性區別成不同的群體，再把一般人認為好的特質性別化成男性的特質，間接地讓男性成為被欲求的對象，女性則成為「他者」[1]。

1 亞倫．強森（Allan G. Johnson），《性別打結：拆除父權違建》（*The Gender Knot: Unraveling Our Patriarchal Legacy*），頁二二—二八。

然而我們必須要知道的是：這個壓迫性的體制的壓迫對象是「社會中的所有個體」，所以不僅是女性受到壓迫，男性也同樣是受到壓迫的對象，像是「男人是理性的動物」這樣的觀念與社會期待，讓男性的情感無法自由表達，進而產生約束及壓抑；又像「男主外女主內」也讓男性產生了「必須要擔負起經濟責任，否則會受到社會譴責」的自我想像，進而束縛住自己。雖說如此，我們仍須更進一步去看，在同樣受到壓迫的所有群體中，男性與女性受到壓迫的程度也不同：女性不只受到社會的壓迫，也同樣受到男性的壓迫，簡言之是雙重壓迫，這一點光從前述的客觀數據就可以證實，而這樣的性別壓迫更是這個體制的核心。

這個體制是獨立於所有個體而存在的。我們只是參與著這個社會體系，體系並非意志的產物——不過，事情不總是那麼悲觀，因為體系是意志可以改變的。

體制確實已經有一套固定的模式，但我們卻能在參與的過程中打破這個模式規劃的道路，使得其他人也能產生新的認知：先是認識到不從眾的可能性，進而到實踐不從眾，這就是改變社會的過程。我們或許在社會中會有自覺與不自覺的性別壓迫協助鞏固這個體制，「蕩婦羞辱」、「男性請客」就是如此，甚至語言也是不自覺地會被體制所扭曲，就像父權紅利（patriarchal dividend）這個概念，原先的意義是男性在父權社會中所獲得的有關榮譽、名望、指揮的權利或是物質利益等等的紅利[2]，卻在進入我們社會的語境後成為受迫者所得到的額外好處（bonus），例如約會女性被請客或是不用當兵等等，由此我們可以發現體制將在我們意識之外對我們產生作用，而處在這個體制之中的我們將因此都不具有自由，沒有人可以豁免，即使意識上不認可體制也一樣——在體制內無論自覺或不自覺地做出與信念相悖的事，也不會是自由。要如何才能自由？如同張娟芬在著作《姐妹戲牆——女同志運動學》所說，無論男性或女性，只要是社會中的個體都必須要推倒壓迫與支配的體系，才能獲得真正的自由，而這也是我們必須努力的方向。

社會學的重點之一，前述《性別打結》（*The Gender Knot: Unraveling Our Patriarchal Legacy*）的作者亞倫．強森（Allan G. Johnson）在另一本社會學著作《見樹又見林》（*The Forest and the Tree*）中提到，就是讓我們能從不同的觀點來審視社會現實，而其中的「角色」觀念與個體是有所區別的，就像是某人有其姓名為其個體性的表現，但這個個體在不同的社會場域中有不同的「角色」：例如面對母親是女兒，面對女兒是母親，面對上司是員工，面對友人是朋友，在不同的角色中都有不同的行為分際，而這些分際也來自

[2] R. W. Connell, Masculinities, p.82, Polity Press, 2005; Jim McKay, Michael A. Messner, and Donald Sabo (Eds.), Masculinities, Gender Relations, and Sport (2nd edition), p.111, Sage Publications, 2000.

於社會期待的形塑。在法務部統計中的數據可以知道於二〇一五年間至二〇一八年間被起訴的被告總共有九十三萬九千八百七十八人，但只有七千五百五十五人是因為妨害性自主罪被訴，將這些特質歸屬在「被告」的角色之上，可以知道被告的對質詰問權會因為本號解釋所產生的影響連百分之一都不到（〇・〇〇八〇三八二八）；相對的，二〇一五年至二〇一八年性侵害犯罪女性被害人人數合計為二萬八千八百一十一人，四年來合計的被害人總數為三萬四千六百二十一人，在將這些特徵歸屬性侵害事件「被害人」之後，其若不受規範保障所受到的影響是百分之八十三（〇・八三二一八二七八）。

量化在權利的議題上，意義確實不明確，就像無論是窮人還是富人的生命權在具有「人」的資格上是等價的，但這裡關心的是實然問題。這種方法的基礎，是在於我們的現實是來自於過去所有可能事件收束而形成，而從統計上的數據可以知道，一個特定的類型，在形成某個角色的過去所有可能性事件中占了多少比重，基此描繪出一個角色的形象。就此我們可以知道的是：被告的角色將因此解釋所受到的影響是微乎其微，但是被害人因此所將達成的保障卻是十分顯著，即便粗略地進行利益衡量也會得出這個結論是得以衡平的，尤其本號解釋也設定了嚴格適用的條件，以及其他在訴訟上對於被告的程序補償。

基本權衝突的問題時常陷入兩難，因為對立的都是「基本權」，雖各自不可或缺，但政治現實總需妥協。在第七八九號解釋，影響範圍有懸殊的差距，並且有著例外從嚴的解釋，同時也有對於被告權益受限的補償措施，於此可以得知：被害人權益的保障，或說對於女性的保障，是相較於性侵害案件被告的權益限制而言，或說對於男性的權益限制而言，更為適當的——或說是在性別平等價值的實踐上更前進一步的。這也是這個解釋文能從性別視角省思出的觀點，在性別平等不是現實的社會狀態中，透過憲法的規範性效力把性別平等的價值更加確立，或許這不是原先意圖所要達致的目標，但這無疑地會是這個規範將會產生的實效，而這也將讓我們的社會更向平等、公平與正義的價值接近。

律師與當事人

律師是一門專業，這是無庸置疑的，但是「專業」這個詞在現代的語用上已經呈現浮濫的狀況，只要在某種技藝上鑽研到相當熟稔的程度，就會（被）稱作專業，然而這其實是種誤會，因為當鍛鍊某種技術到相當的程度後的人士應該稱作「專家」（expert），因為專業——Profession——是相較於職業——Occupation——而有特別意涵的。

現在所說的三師：醫師、律師與會計師，是現代以收入的高低以及執照取得困難程度作為標準評定的，然而原先的專業指涉的卻是：律師（Lawyers）、醫師（Physicians）以及牧師（theologians，i.e., the priesthood，或稱教士），相對的是中世紀時諸如商人（tradesmen）、工人（laborers）或是從基爾特（guild，職業工會）的特定行業擔任學徒一定時間後才出來工作的屠夫或烘焙師等，隨著交易變得更加複雜而出現的其他職業。當時，也出現了更多稱自己是個什麼家——就像現在常常自封為什麼師（例如風格師）——的風潮。曾有文章分析這種把專業浮濫化的現象發生在六〇年代後的政治正確與動盪[1]，為了消除差異使得不同性質工作間的差異成為不被容許的，像是女僕（maid）就要變成家務工程師（domestic engineers），垃圾清潔員變成衛生工作者（sanitation workers），這種政治正確的風氣也相當程度反映在不能稱呼他人為殘障（handicapped）而必須改稱為身體障礙者（physical challenged）。

然而，所謂的專業事實上有它（相較於一般職業的）特殊性。專業的特徵有：特殊知識（a specialized body of knowledge）、對社會福祉的承諾（a commitment to the social good）、自律能力（an ability to regulate itself）、高社會地位（high social status）[2]。同時，專業也會有著一些共享的特徵，例如國家的認可（執照系統）、自治組織（公會）、執業前的宣誓、專業倫理以及保密義務。就專業倫理來說，就像是誠實是一般而言的美德，但是醫師卻被禁止透露病患的疾病狀況，牧師也不得洩露信徒告解的內容。

律師也具有保密義務，例如我國的律師倫理規範第三三條：「律師對於受任事件內

---

[1] J. Stephan Edwards, *On the use, misuse, and abuse of the words "Profession" and "Professional"*. https://www.somegreymatter.com/professional.htm

[2] Frederick A. Elliston, Ethics, Professionalism and the Practice of Law, Loyola University Chicago Law Journal, p.531, 1985, Vol.16, Art.11.

容應嚴守祕密，非經告知委任人並得其同意，不得洩漏。但有下列情形之一，且在必要範圍內者，得為揭露：一、避免任何人之生命、身體或健康之危害。二、避免或減輕因委任人之犯罪意圖及計畫或已完成之犯罪行為之延續可能造成他人財產上之重大損害。三、律師與委任人間就委任關係所生之爭議而需主張或抗辯時，或律師因處理受任事務而成為民刑事訴訟之被告，或因而被移送懲戒時。四、依法律或本規範應揭露者。」在ABA Model Rule（美國律師協會模範規則）第一．六條[3]也有近似的規定（因係前者參

---

[3] 「(a) A lawyer shall not reveal information relating to the representation of a client unless the client gives informed consent, the disclosure is impliedly authorized in order to carry out the representation or the disclosure is permitted by paragraph (b).

(b) A lawyer may reveal information relating to the representation of a client to the extent the lawyer reasonably believes necessary:

(1) to prevent reasonably certain death or substantial bodily harm;

(2) to prevent the client from committing a crime or fraud that is reasonably certain to result in substantial injury to the financial interests or property of another and in furtherance of which the client has used or is using the lawyer's services;

(3) to prevent, mitigate or rectify substantial injury to the financial interests or property of another that is reasonably certain to result or has resulted from the client's commission of a crime or fraud in furtherance of which the client has used the lawyer's services;

(4) to secure legal advice about the lawyer's compliance with these Rules;

(5) to establish a claim or defense on behalf of the lawyer in a controversy between the lawyer and the client, to

照對象）；且我國對於律師若無故洩漏因業務知悉之他人祕密也將在刑法第三一六條[4]規定有處罰；在刑事訴訟法第一八二條[5]也有規定律師就知悉有關他人祕密之事項若受訊問者，除非經過當事人的允許否則得拒絕證言。而我國大法官釋字第六五四號理由書第一段也提到：「而刑事被告受其辯護人協助之權利，須使其獲得確實有效之保護，始能發揮防禦權之功能。從而，刑事被告與辯護人能在不受干預下充分自由溝通，為辯護

---

establish a defense to a criminal charge or civil claim against the lawyer based upon conduct in which the client was involved, or to respond to allegations in any proceeding concerning the lawyer's representation of the client;

(6) to comply with other law or a court order; or

(7) to detect and resolve conflicts of interest arising from the lawyer’s change of employment or from changes in the composition or ownership of a firm, but only if the revealed information would not compromise the attorney-client privilege or otherwise prejudice the client.

(c) A lawyer shall make reasonable efforts to prevent the inadvertent or unauthorized disclosure of, or unauthorized access to, information relating to the representation of a client.」

4 「醫師、藥師、藥商、助產士、心理師、宗教師、律師、辯護人、公證人、會計師或其業務上佐理人，或曾任此等職務之人，無故洩漏因業務知悉或持有之他人祕密者，處一年以下有期徒刑、拘役或五萬元以下罰金。」

5 「證人為醫師、藥師、助產士、宗教師、律師、辯護人、公證人、會計師或其業務上佐理人或曾任此等職務之人，就其因業務所知悉有關他人祕密之事項受訊問者，除經本人允許者外，得拒絕證言。」

人協助被告行使防禦權之重要內涵，應受憲法之保障。」從這裡我們就可以知道律師權的核心是律師與當事人之間的溝通，這在我國憲法第一六條與美國聯邦憲法增修條文第六條都有明文規定律師權的保障。

尤其，這種保密不僅是律師的專業倫理義務，以及憲法基本權，更是一種祕匿特權（Attorney-Client Privilege）。所謂「特權」相對於（其他）權利的意義正在於並沒有相對應的義務。而祕匿特權原先是為了律師專業的榮譽而存在，但到十八世紀之後隨著啟蒙時期對「個人」的彰顯，個人的權利獲得更大的注目，特權的主體於是轉移到人民身上，成為確保人民權益獲得完整保障、確保律師能確切地保護人民權益的一種特殊地位，這也可以將特權的保護範圍從原先的「訴訟中律師與當事人的談話」，擴展到「法律諮詢的內容」。而這個特權所保護的內容是「溝通」（不包括物證），也就是當事人的陳述，無論當事人向律師說什麼（但必須是具有不欲為他人所知的祕密性質），律師都必須要保密（除非涉及即將到來的犯罪或是他人的生命身體侵害），國家不得強迫當事人或律師揭露該等內容，這些內容也不能成為證據。

那什麼時候會進入律師與當事人的關係？我們必須了先了解到的是所謂的「角色」（role）指的是什麼。一個個體在不同的社會脈絡中會進入不同的「角色」，面對老闆時是下屬，面對愛侶時是情人，面對學生時是教師，面對父母時是兒女，每個角色都會有不同的行為標準，而這些行為標準的形塑來自於社會期待。律師與當事人關係（Attorney-Client relationship）也不外乎於此。

舉例來說，目前律師實務中氾濫的免費諮詢，若有民眾來進行免費諮詢，那這些諮詢的內容是否需要保密？答案絕對是肯定的。在法律上的契約概念並非以書面為必要，口頭上的合意也是契約的一種形式；法律諮詢一旦開始，雙方就進入律師與當事人關係，因為在這個時間律師是以「律師」的身分與該當事人以「當事人」的身分進行社會交往，而費用的免除乃是律師此方的抉擇，律師與當事人間的關係並不因未收費而改變。設想，若諮詢者問了：「律師我剛剛殺了人，我把兇刀丟在家裡旁邊的河裡了，那個人的屍體被我放在旁邊那條路上了，我該怎麼辦？」律師可以把這些事情在諮詢過後透露給他人，甚至呈報給犯罪偵查機關嗎？這個問題當然必須要從專業的角度來思考，也就是說，僅從結果論（consequentialism）的角度來考量這個問題，若律師這麼行動，那麼律師與當事人間的關係難道不會因此崩解，而將失去這個關係中最重要的「信賴」（confidetiality）嗎？

同樣重要的另一個律師倫理問題：既然「律師與當事人」關係是如此特殊（因為律師作為專業），那麼能否像是在一般工作場合中發生辦公室戀情？

我國似乎相當漠視這部分，例如知名人權律師與當事人約炮的事件，結論是機關認定此為私德——因為對方並未委任該律師——而與律師業務無關後簽結，但若以前文所述，將個體是否以此等身分進行社會交往來定義是否進入「律師與當事人」關係，那麼或許就會得出不一樣的結論，也應該得出不一樣的結論。

我國的律師倫理規範沒有對於律師是否得與當事人發生性關係有所規定，但是在美國的各州卻有對這個部分明文規範，例如愛荷華州規定：「律師不應與當事人發生性關係。」但以配偶或是前先存在的性關係為例外，然需檢驗律師行為是否有利益衝突、將損害當事人，若有合理可能發生，則律師須退出委任關係；明尼蘇達州也有明文規定：「律師不應與現有當事人有性關係。」然若在委任關係前就有合意的性關係那就沒問題；北卡羅萊納州在禁止之外還更進一步規定：「律師不得要求或命令客戶在專業委任上有性關係的條件或需伴隨性關係。」威斯康辛州則是「律師不能與當事人發生性關係，除非合意性關係在委任關係前就存在。」此外對此有所禁止的還有奧勒岡州、紐約州、維吉尼亞洲、猶他州[6]。而在 ABA Modle Rule（美國律師協會模範規則）第一・八條（j）也有明確規定：「律師不應與當事人發生性關係，除非這發生在委任關係之前。」註解中的說明指出，這種性關係幾乎總是不對等，或會涉及不公平的剝削，也違

[6] Abed Awad, Attorney-Client Sexual Relations, The Journal of the Legal Profession, The Journal of the Legal Profession; 22 J. Legal Prof. 131 1997/1998.

背律師不可利用當事人的信任致其不利益的義務，且律師個人情感的涉入也將可能使其在獨立專業判斷下代表當事人的能力受到影響，並使「祕匿特權」的保障範圍不明而產生危險。

從這裡我們就可以明顯地發現到對於律師與當事人間性關係的禁止，目的是在於確保利益衝突的不存在、律師的專業獨立性以及避免律師與當事人間信賴的破損，恰巧前述的規定正是以利益衝突（Conflict of Interest）為題，在第一・七條有規定律師在兩種情形是不得代理的，分別是代理一者將衝突到另一者的利益，或是律師對於其他當事人、前當事人、第三人或自身利益的責任會實質產生限制而產生對代理當事人的顯著風險。再一次地，我們可以設想若性關係（在委任關係成立之後）發生在律師與當事人之間，律師是否有可能以性威脅當事人若不服從就任意辦理案件？或是因與該當事人的性關係並不滿意，就將情緒宣洩到案件的訴訟上？或是因該情緒的阻礙而使訴訟受到影響？更根本地說，是否會因為此性關係的存在而使得當事人失去對於律師的信任？這些提問甚至可以說是明知故問，那麼對於此等關係的禁止也是不言自明。

無論是祕匿特權或是禁止律師與當事人發生性關係，都是在保障這組社會角色之間的關係，這樣的特權與禁止規範也是在鞏固律師作為一種專業的獨特性，是在確保其個體利益與情緒獨立於另一個體——當事人之外，而得貫徹律師之為律師——是為保障當事人之權利以對抗國家權力——的意義。律師的專業是應該被尊重的，然而卻能見到歸屬於這個群體中的個體，或是把案件的祕密撰寫成書，或是把與當事人會談的機會當作一場豔遇，又或者是以免費的方式提供具有特殊性的律師專業內容。如果這是「律師」作為一個群體所表現出的對「專業」的態度，那麼當他人對「專業」也抱持這樣不尊重的態度時，實在也是無可厚非。即便是不具有上述行為的個體，仍將因歸屬於該群體之中，而被群體的「傾向」（inclination）所攝納，畢竟有上述違反專業倫理行為的個體也是群體的一員，那麼他們的行為也會一點一滴地使群體方向偏往負面那方。具有自治功能的律師公會組織如果「應作為而未作為」，也等於是透過消極的方式——或有意或無意地——表達出對此種行為的認可，或退一步而言，容忍。

或許也正是這樣，專業才會漸漸漸漸地，既浮且濫。

卡繆對死刑的看法

卡繆（Albert Camus，一九一三—一九六〇）幾乎是人所皆知的存在主義哲學家（亦有賦名為荒謬哲學〔Absurdism〕），獲得諾貝爾文學獎的三年後，一九六〇年就因為車禍而死亡，令人不勝唏噓。他身後留下的《異鄉人》（*L'Étranger*）成為文青必拿——未必是讀，可能是拿來拍照——的名著，今年的武漢肺炎更像是他寫的《鼠疫》（*La Peste*）的現代翻版。除此之外在《薛西佛斯的神話》（*Le Mythe de Sisyphe*）更是把《異鄉人》中的荒謬性透過哲學描述出來，他說哲學中唯一重要的問題是：

「為什麼不自殺？」

人生那麼荒謬，周而復始，甚至我們都已經知道結局是我們必然的死亡，那為什麼我們還要活著？我們人類日復一日做著相同的事：起床、刷牙、吃飯、如廁、工作、談戀愛、睡覺，直到死亡，不就像是薛西佛斯被懲罰推石上山一樣嗎？然而我們是一個具有能動性的主體（agent），我們具有創造意義的能力，在徒然無義的生活中我們能把任何的事情賦予意義，我們創造出意義加諸於我們的行動之上，我們就是這樣的存在，也這樣地存在著。更且，卡繆在《反抗者》（*L'Homme Révolté*）更作出了：「我反抗，故我存在。」的壯闊宣言，對於世界的荒謬性（absurdity）、無意義，透過自身的實踐、反抗將意義充滿在行動之中。我們反抗著世界的荒謬，我們存在。

但或許較少人知道的是卡繆也對經年不衰的議題：「死刑」表達出過看法，這個著作就是《思索斷頭臺》（*Reflexions sur la guillotine*）。

在一九一四年的大戰之前不久，一名罪行格外令人髮指的殺手，在阿爾及爾被判處死刑（一戶農家被他滅門，連幾個孩子也未能倖免）。犯人原本是農場的雇工，他在殺人時就因為見血而亢奮，將被害人的財物洗劫一空則更顯出他的惡行重大。此案引起輿論一陣譁然。大家普遍認為，就算是判他殺頭，都還太便宜這等禽獸了。有人同我說，我父親就是這麼想的，而殺害小朋友這件事又特別令我父親痛恨。我對父親的事情所知不多，其中一件就是：這是他生平第一次想去看處決。他天還沒亮就起床，前往本市另一頭的刑場，此時刑場周圍已擠滿人潮。他從不曾告訴別人，他那天早上看見了些什麼。我母親只說，父親飛奔回家時，神色慌亂、也不答話，就在床上躺了下來；不一會兒，就翻過身，嘔吐了起來。

> 他剛發現了，在漂亮的說詞底下，被掩蓋的那關於死刑的真相。這時他還能想到的，已不是那些遇害的孩童，反而只剩那具剛被人扔上斷頭臺斬斷脖子的、仍在抽蓄的屍首。

本書以此段為始，而這個段落的故事也分別出現在《第一人》（*Le premier homme*）與《異鄉人》的內容中，裡頭描寫的情境經過了一個世紀仍然不陌生，例如對於兇手群情激憤地殺聲四起，而且還索求更為殘暴的對待，甚至恨不得親自踢掉絞刑犯腳踩的那張椅子。但裡頭的父親是否即為這些群眾的縮影呢？道德義憤充斥著腦袋，前往觀刑卻發現這個駭人的影像占據了原先被害人的區塊？是這樣的人太不勇敢、太膽小嗎？或許不是的，或許道德義憤是人之常情，但面對暴死（violent death）這種更原初的情緒時，人會本能性地感到恐懼（fear），畢竟正是這個恐懼凝聚了「我們」。

回到死刑的問題，死刑是刑罰的一種，我想有必要先說明的是「刑罰」如何被正當化——也就是說，如果國家是我們基於讓渡自身權力的合意所建成的社會契約，那麼，這個共同體基於什麼理據得以剝奪組成共同體的部分——個人——的存在？

在倫理學上有著應報理論、威嚇理論、復歸理論（rehabilitation theory）、表達理論（expressive theory）以及各式各樣的綜合理論，而以理論中的基礎為區分的話，僅有應報理論是以義務論為底基，其餘者皆為結果論，尤以威嚇理論係以功利主義為根據，然於斯時——甚至今日——討論主軸仍以應報理論與威嚇理論為主，此亦係卡繆的論述重點，故而在此亦以此二者為討論的中心。

應報理論所主張的是對於犯罪這個行為，刑罰作為回應是要實踐正義這個價值，因為正義中的公平（just）的要求，給予罪犯犯罪所應得（desert）的刑罰，即為正義的彰顯，可以康德對於死刑的著名看法為例，即其言即便某社會要解散離開，仍須處死最後一個殺人犯；威嚇理論可以邊沁的功利主義思想為例，即在「最大多數人的最大快樂即為善」之思維指引下，刑罰所施加的損害若能被後果的利益所凌駕，則刑罰被正當化，而後果的利益或為「因刑罰的威嚇所帶來的犯罪減少」或是「社會秩序安穩的整體幸福增加」。

卡繆的論點始於對威嚇理論的批判，在現實中這個理論與國家的刑罰施展是有所扞格的。既然威嚇理論是以刑罰施加在犯罪的個體上，使得觀者——罪犯、潛在罪犯——因此景象受到震懾，也就是假設所有個體皆為（工具）理性人的前提下，在每一次的行動前都會計算著利益得失，若已知悉犯罪的特定後果，則將產生具有嚇阻的效果，這也是德國法學家費爾巴哈（Paul Johann Anselm von Feuerbach，一七七五—一八三三）所提出的心理強制論的觀點。那麼在這個理論假設中，刑罰就必須要有鮮明的形象印在每個人的腦海中，才有可能充分達致這個目標。然而，隨著文明化，刑罰漸趨人道而隱蔽化，從斬首到斷頭臺，從吊刑到槍決、毒針，卡繆諷問道：「如果我們真的渴望這項懲罰能讓他永誌不忘、抵銷他心中的衝動、繼而推翻那盛怒下的決定，難道我們不該窮盡一切影像和語言工具，設法讓這項懲罰及其造成的慘狀，在所有人的感受當中鑿下更深的刻痕嗎？」

接著，從國家的宏觀到個人的微觀層次，卡繆根據二十世紀初英國的統計——即二百五十名被處決的死囚中有一百七十名曾自行觀看過一至二場公開處刑，一八八六年在布里斯托監獄中的一百六十七名死刑犯亦有一百六十四名曾觀看過至少一次的處決，他再一次地宣稱：「嚇阻力只對膽怯的人有效而已，這種人本來就不敢犯罪，但是對於那些本來應該矯正卻怎樣也矯不正的人來說，這個嚇阻力就變弱了。」也就是說，以威嚇的方針而言，刑罰在這個部分是失效的，他分析的理由是在法律中「人」的「形象」與「實際」相異，理想上人的各種本能維持著平等，但實際上正因為各種本能交互地衝撞與爭奪，精神的活動才顯得蓬勃，僅不過偶時有股力量脫逸導致其他本能都無從抵擋而已，「要讓死刑擁有真正的嚇阻力，就必須改變人類的天性，讓人性變得像法律本身一樣穩定且冷靜。但是，要真有這樣的人性，只怕也跟靜物畫中的死物沒有兩樣了吧。」這並不是悲觀，只不過是如實地陳述所見所聞的證言。

於是，卡繆也得出了現代實證同樣的結論：死刑與犯罪率無關。例如我國的情形，至二〇一〇年時已有四年多沒有執行死刑，然而涉及到死亡的案件卻有遞減的趨勢[1]。在我國大法官釋字第四七六號中宣告：因為有關毒品罪死刑規定是為了杜絕流弊以及阻斷驅利，所以合憲。然而根據統計資料自斯時至今有關一級毒品的製造運輸犯罪不僅未減，甚至反增。上述論據會面臨到的批判是：「即便無從證明死刑的威嚇，亦無從證明死刑的無威嚇！」但荒誕的事情就在於：若對於此等陳述予以認可，那麼最終極的懲罰——死刑（CAPITAL punishment）是奠基在一種不確定的可能性上。誠然，「人死了就是死了，所以死亡是沒有程度或機率的差別的」，但面臨這種以國家所具有的無上權力（即「主權」sovereignty）剝奪主體的存在時，難道不應該更為戒慎，且以積極的方式證成它嗎？

更甚者，死刑還會激起人的殺戮本能，人將會墮落、生虐待心。卡繆質問：「這種號稱可以嚇阻未知兇手的懲罰，確實是把這些殺人工作交付給了另一群更加確實的妖魔鬼怪。既然我們要用可能性的觀點來替最殘酷的法律辯護，我們也可以說，在這幾百個自願行刑遭拒的人之中，也有人會使用其他的方法來填滿他被斷頭臺喚醒的那些嗜血本能。」就此，刑罰真的能在威嚇理論所根基的功利主義中被證成是「利大於弊」嗎？

1 王清峰，〈理性與寬容——暫停執行死刑〉，http://www.moj.gov.tw/public/Attachment/031016413364.pdf，頁一

同時，刑罰的正當化並不是二擇一的問題，所以並非威嚇理論被批判地體無完膚就代表著應報理論是唯一解。卡繆說：「這種只能制裁卻不能預防的刑罰，它真正的名字就是報復。」死刑並不是律法，而是來自直覺與情感，因為律法是一種規範，目的是調整天性，而非重複它。而死刑又不是單純地取走生命，卻是一種謀殺，「但是死刑在死亡之上又外加了一些東西，那是一種成文規章、是一種為準被害人所知的公開預謀、也是一種有組織的行動，而這些事又形成了一種比死亡還要可怕的道德苦難。」

法律上的謀殺（murder）是比殺人（kill）更為嚴重的罪行，然而在世界上從來沒有任何謀殺的「惡」大過於死刑，因為沒有任何一種謀殺有著死刑的詳細規劃與精心策度，沒有罪犯會預告在什麼時候、什麼地方用什麼方式對著被害人施展權力剝奪生命，甚至在此之前先不定期地拿走對象的自由，更讓它不間斷地面臨死亡即將來臨的恐懼以及生存的絕望，那麼應報理論所宣稱能予刑罰以正當性的應得（desert）真的有被實踐而沒有過度嗎？

另外，在實施死刑的過程中，人也被物化，從一個主體被貶低到一個客體。卡繆說：「他被維持在一種絕對必要的了無生趣狀態，卻又保有意識，而這意識正是他的大敵。……。這個包裹所臣服的，已不再是主導一般活人的偶然命運，而是讓他可以準確預期斬首之日的機械定律。」

原先的以牙還牙──同害報復──規則是存在於兩個個人之間，一方是完全無辜，他方則是完全地有罪，然而在我們執行死刑時，執行者是無辜的嗎？我們人確實地具有自由而應該為自己的行為負上完全的責任，但是整個社會群體以及國家也無法卸責於其對生活在這個社群之中個體的行為所產生的影響，那麼犯罪者奪去了他人的生命，一個非無辜者的國家能夠給予他一個絕對的懲罰嗎？一個相對的罪行若對應著絕對的制裁，這或許就不會是公平了。

死刑是偶然的結果，在不同的時間、不同的地點或是不同的審判者，都有可能會做出不同的裁判，雖然每一個判官都是代表著同一個國家的司法系統，但終究擔任國家手腳的還是具體的個人，我國發生過各式各樣的冤案：江國慶、鄭性澤、謝志宏、蘇建和三人等等，看著這些案情，或許是打了個撞球，當了個兵，唱個KTV，都可能會淪為死囚，諷刺的是成為死刑犯與否真的可能是個運氣的問題，運氣再差一點的碰上執政困窘甚至馬上成為祭品等不到救援。就算不是冤案，死刑仍然是種偶然，可能被審判者的族裔、膚色、性別、身分、經濟地位都會成為判決的參考，甚至審判者過了個不順遂的一天，都可能「成就」了另一個生命被國家宣告終結。

卡繆認為司法與憐憫這種對痛苦的共感是無法分離的，這不是否定了懲罰（punishment）的存在必要，而是把終極審判給排除──無可挽回的措施是對「人」這樣的存在不公正的對待，因為所有的人類都擁有著共同的絆繫：面對死亡的苦難。所有人的生命都同樣地要走向死亡的結局，這樣的共同點讓人成為一種面向死亡——存在的共同體，法庭上的審判者與座位上的被告並沒有多少距離，而當審判者對共同體的一員做出的一個絕對的、無可挽回的宣告——死刑，這也是對其自身宣告有罪的判決，罪名是破毀人與人之間共面死亡連帶的行為。

只有神與獸得以免於生活於政治的社會。人並不完善，在基督信仰中之所以有著末日審判是因為神是絕對的、完美的、無所不能的；祂是一個絕對者，因此才具有審判的資格，全知全能是作為一個審判者的條件，所以過往的死刑都是具有宗教性的，無論是教士或國王甚至社會整體，都將以神的名義宣示拿走另一人的生命。在此因有彼岸的存在，死刑犯僅為被逐出世俗的世界，最終審判將存於另一方，在天主教的教義關於靈魂不朽與肉體復活的部分，死刑將只是暫時性的處罰——這並不是最終決定，卻是救贖。死刑只有在不是最終審判，而且在永生的信仰中，才能被正當化。

施密特（Carl Schmitt，一八八八—一九八五）在《政治神學》（*Political Theology*）宣稱了政治是神學的世俗化（secularized），而韋伯（Max Weber，一八六四—一九二〇）現代國家理性化的過程中也進行了除魅（disenchantment），世界中的神性被驅逐了，尼采（Friedrich Wilhelm Nietzsche，一八四四—一九〇〇）也喊出了：「上帝已死！」基督已經不再是當代社會中事物的最終根源與解答。而這或許也會是現代國家——利維坦（Leviathan）——誕生時，尚未處理世俗權威如何接替過往處理人在此世過渡的審判者的問題。

所有人都是面對死亡的共同體，同時當代社會又是世俗的，那麼具有法官身分而宣判另一個個體死亡，本身就會是一種自大的僭越，也將破壞了人的適格。「如果一個法官是無神論、懷疑論、或不可知論者，那麼當他判某個不信教的囚犯死刑的時候，他宣判的就是一個無可挽回的最終懲罰。他沒有神的力量、也不信神，卻把自己放在了神的寶座上。……然而，法官聲稱自己代表的這個社會，事實上宣布的卻是一種純粹的消滅措施，如此便破壞了一致對抗死亡的全人類共同體，並且，因為社會聲稱自己擁有絕對的權力，所以社會就把自己當成了絕對的價值標準。」

我想卡繆最主要的批判著力點正在於所有存在個體不得不共面的死亡終局，認知到這一點不僅是存在的意義，而且也會是、也應該是凝聚起所有主體的特徵，換言之，這是我們作為「人」的標記，而死刑是對此標記的塗銷。我們更應該戒慎的事情是：我們放棄了全然的自然自由來訂立社會契約，換取了政治自由，用我們每一個人的自由換得了「權利」，而這「權利」正與因該契約所成形的國家所具有的「權力」相對、拮抗。國家的主權對於統治區域內的個體所最極致的展現莫過於刑罰中的死刑，自由如果是我們最為渴求的事情，那我們就不能迴避這個問題。

卡繆的論點並不是死刑議題的最終解答，倒不如說是一個對此議題來自於存在主義哲學的理解。無論是採取什麼立場，至少我們可以知道有這樣的一種觀點，或許對於死刑的是與非，我們的決定將不再倉促與武斷，而會更深刻一些。

第二章

泛論生活

存在主義

關於存在主義，會說些什麼？向死的存在？生命既然荒謬何不自殺？權力意志？我想這些都是一種說法，是對於存在的思想，而這些思想所歸屬的都是所謂的思想家大師們，但我們必須認知到的是我們和他們同樣地都是個人（主體，subject），而關於存在主義，我想這個思考就已經是存在主義式的了。（不過千萬別誤會，這可不是導向虛無的相對主義。）

存在主義的意義是什麼？或說存在的意義是什麼？存在主義的原文是 Existentialism，但更原初的詞彙是 be and being。雖然有點冒進，但我會說我相信歷史的辯證——至少西歐開始的發展是這樣的——在長期的封建以及基督教秩序中，政治上破除了神權國家，連帶地個人也從群體中脫胎；啟蒙時期的理性就是人的意識奪取了神的權位。十九世紀末的尼采說這是上帝之死，二十世紀中的卡繆說這是理性殺死了神，所以弒神者就是我們這些存在，人。

西歐社會的所有事物——包括思想跟資本主義社會型態——都跟基督教有所關聯，尤其基督教是宗教的面向，它原先的存在讓人在生命的結束有個 afterlife 的擔保，但上帝「死」後，在人世間的價值秩序就成為真空（因為原先的價值是基督教價值，尼采對於這樣的價值秩序提出了重估的看法），所以生命變成一場虛無。曾經，努力工作是為了證明自己是「選民」，因而得以被神所拯救（新教倫理觀），但現在做什麼都變成沒有意義。

所以就變成，那為什麼是「有」（being）而不是「無」（nothing）——或說存在與虛無（exist and vanity）？我覺得就是這時候，人開始思考這個問題，存在主義就是在思考為什麼是「有」的問題。當基督價值被推倒，人必須要給自己答案、告訴自己為什麼——為什麼世界是這樣？為什麼我是這樣地在這裡？人必須要給自己一個交代，說服自己為什麼在這裡而不是不在這裡，必須要自己去填充這個價值空洞，必須要自己去創造價值。存在就是創造價值，而這就變成了存在的意義，所以我們是存在（being），我們也存在（be）。

嘻哈

中國有個流行的電視節目叫做《中國有嘻哈》，但是嘻哈是什麼？在中國真的存在這種東西嗎？這是值得思考的一件事情，因為若去細究這個文化會發現：嘻哈不可能存在於中國，也就是說，這個節目名稱不過是一個謊話。

嘻哈（hip-hop）是七〇年代從貧民區（ghettos）這種社會邊緣處發展出來的文化形態，代表它的有四種主要活動：DJ，MC（rap），breakdancing（b-boy），Graffiti（塗鴉），日後還有更多的嘻哈文化發展，例如滑板、beatbox 等等。這些活動的性質不同，但是形成這些活動的核心則相同，所以經常是相伴隨地出現。

而嘻哈的文化起源本身不僅可能是非（non）主流的，更可能還會是反（anti）主流的，尤其這不僅是在音樂的層面上，還包括文化、政治等各個社會層面——嘻哈所代表的不是每支樂曲、圖畫、舞動或是歌詞內容，而是這個文化所代表的，一種來自邊緣的聲音（voice）。

然而，《中國有嘻哈》這個電視節目無論就參賽者還是評審而言，完全就是「主流的」，甚至這個節目的製作就是「為了主流」，當嘻哈成為一種流行——被主流所收編，這個文化的核心就因自我反對而崩毀。這個節目是個表演、娛樂，裡頭把押韻用特效字幕作出單押、雙押，其實都是在塑造嘻哈的幻象；如同方才所述，嘻哈是來自邊緣的一種聲音，這是很本質性的，而這個節目只是把嘻哈文化中的饒舌「技巧」提煉，然後搬運到消費文化中的主流媒體，讓這個事物被主流給收編。那麼這樣產出的東西究竟是饒舌？抑或只是數來寶？

嘻哈，或說饒舌的這種音樂，有位藝術家叫做 2PAC，他有一首作品的歌名是 *Changes*，最後一段的歌詞提到：

And still I see no changes can't a brother get a little peace
It's war on the streets and the war in the Middle East
Instead of war on poverty they got a war on drugs
So the police can bother me
And I ain't never did a crime I ain't have to do
But now I'm back with the blacks givin' it back to you

Don't let 'em jack you up, back you up,
Crack you up and pimp smack you up
You gotta learn to hold ya own
They get jealous when they see ya with ya mobile phone
But tell the cops they can't touch this
I don't trust this when they try to rush I bust this
That's the sound of my tool you say it ain't cool
My mama didn't raise no fool
And as long as I stay black I gotta stay strapped
And I never get to lay back
'Cause I always got to worry 'bout the pay backs
Some buck that I roughed up way back
Comin' back after all these years
Rat-a-tat-tat-tat-tat that's the way it is uhh

從這裡看出歌詞的內容是很政治性的，其中包括了九〇年代戰爭的批判、對於少數族群壓迫的批判，也包括了對種族歧視的批判。那麼我們可以回過頭看這個「節目」中的所有人員，從製作人到導播、從評審到參賽者，所有「創作」還是「自由發揮」（free-style）有出現過任何和六四、天安門、文化大革命、大躍進、法輪功甚至小熊維尼有關的音樂嗎？更進一步來說，在這個「娛樂」中有出現這種政治性批判的可能嗎？戳穿這個表象可以發現這種「嘻哈」其實只是臣服、服務於主流的技巧賣弄——尤其是在一個沒有邊緣只有全面的極權體制主流。嘻哈的文化不僅只可能存在於多元的社會，而且具有對於主流批判的特性，那麼還能說中國有嘻哈嗎？

那樣的「嘻哈」，不過是表現出自己的無知與被主流所「收編」罷了。

History 等於 His story？

在生活中似是而非的事情很多，例如「歷史」（history）這個單字是「他的故事」（his story）這個陳述似乎是非常普及的，指稱了歷史都是男性書寫而出，故而應有「她的故事」（her story）。

然而，依據語源學，history 是十四世紀的英語才有的單字，依著時代往上追溯是法語的 estoire、estorie，意思是編年史（chronicle）跟歷史（history）；再往上是拉丁文的 hitoria，意思是過往事件的敘事（narrative）；再更往上是希臘文的 historia（ἱστορία，有趣的是這個名詞還是「陰性」的），意思是透過探問（inquiry）的獲知；更加往上是希臘文的 historein（historéō, ἱστορέω），意思是探問；再往上是希臘文的 histor（ἵστωρ），意思是知者，再接續下去就是古印歐語系的語源了，於此略過不表。

從表面上看來，將 history 這個單字拆解成 his story，進而做出歷史被男性掌握的宣稱，確實反映了歷史話語權普遍而言都是由父權體制（多數）所掌握，女性的權利——尤其是投票權，也是在二十世紀下半才開始被提倡直到證立。然而，從來就不應該因為這種偶然的事實組合而武斷地聲稱任何一個概念是如此而來，至少從語源學的觀點而言將 history 作這樣的理解是混淆視聽的，即便這樣的聲稱、主張意圖反映的是歷史上過往的事件話語權皆由男性掌握，所以可以視為一種對於父權社會框架突破的嘗試，但普遍而言並沒有對「history 等於 his story」在語源學上是「錯誤」的共識，那麼這樣的陳稱縱然能在性別平等——破毀父權體制上有益，但在知識上卻會是有害的了。

理性的恐懼

"Fear is not real. The only place that fear can exist is in our thoughts of the future. It is the product of our imagination, causing us to fear things that do not at present and may not ever exist. That is near insanity. Now do not misunderstand me, danger is very real, but fear is a choice."

這段對白是演員 Will Smith 在電影《地球過後》（*After Earth*）對其兒子所飾演角色所說的話，而我一直對這段話印象深刻，蓋因其中所表達的是恐懼（fear）與危險（danger）分別是主觀所想像出來的虛構；客觀面對的真實事物。換言之，一者為純粹的觀念，一者卻是純粹的現實。在電影中這段臺詞是父親對兒子克服恐懼的建言，但其中所隱含的是恐懼是非理智的產物，這或許值得商討。

恐懼（fear）是霍布斯（Thomas Hobbes，一五八八—一六七九）政治哲學中核心元素，在他所想構的自然狀態中，萬人對萬人的戰爭（Bellum omnium contra omnes）是他最為避諱的事態，當然地這與那時候的時代背景是三十年戰爭（一六一八年至一六四八年）脫離不了干係。而何謂自然狀態？「在人生活在沒有公共權力以保持他們的敬畏的時期，他們處在戰爭狀態中，一個所有人對抗所有人的戰爭，結果就是所有人對於所有人都是敵人。在這種條件下，無法發展工業，因為成果並不確定，也因此無農耕，無航行也無對於可能從海洋進口的日用品的使用。沒有寬敞建築，沒有交通工具，沒有對於大地的知識，沒有時間觀念，沒有藝術，沒有文字，沒有社會，最糟的是無間斷的恐懼以及暴死的危險（violent death）。於是，人的生命，孤獨、窮困、骯髒、野蠻且短暫。」這是《利維坦》（*Leviathan*）中著名的段落，而這正是自然狀態的描繪。為了因應自然狀態，所有人聚集而創立了巨靈國家（即利維坦）收編了所有權力，巨靈即為主權者，支配著所有的臣民。這種乍似失去理智的（insanity）行動實際上並不是那麼不理智，所有人割捨自然中的自由交由巨靈管理，並不是失智的，也就是說，恐懼並不是不理性的。

恐懼是真實的，就像危險一樣真實，這不只是定義上的語言問題，更是因為恐懼概念所指涉的即為個體面臨特定事物時所形成的感官經驗，而事物因人而異，例如對有些人來說是蜘蛛，對另一些人則是鬼怪，而有些人所恐懼的則是會施暴的父親等等。換句話說，恐懼並不純然是想像，更常是在現實遭遇（或可能遭遇）過事件之後所形成之經驗，更極端而言，我們若如洛克（John Locke，一六三二—一七〇四）所說的生來是塊白板，那麼所有知識取得都源自經驗，當然地，經驗正是恐懼的成因。

處在島上的我們——臺灣人，所面臨的情形是真實的危險，而對著這個現實所形成的感受正是恐懼。亦即，我們所具有的恐懼感受是對應著真實的危險：我們恐懼著飛彈，是因為飛彈對準著我們；我們恐懼著統一（或說併吞〔annexation〕），是因為統一在二〇一九年初由中國共產黨總書記指為兩岸政策方針；我們恐懼無法再如此自由、正當執行職業，失去民主、失去人權等等，正是因為在現實上這些事情都是確確實實地有失去的可能。

每當安全度過一個危機，或許都會有人說：「看吧，明明就沒怎麼樣。」或是政治失利（威權復辟、進步失勢）後也會有人說：「看吧，明明就沒怎麼樣。」然而，或許應該要思考的事情是：「就沒怎麼樣」是因為度過了危難；「就沒怎麼樣」是因為在失利之後仍然持續有一批人持續地奮鬥著。民主的困難點在於：若要維護「人權」就必須維護所有符合「人」的條件的主體，也就是說，人權代表的是：僅因身而為人，就有被賦權的資格，而這權利也值得被保障。

當然，隨著二戰的反省所衍生的防衛性民主觀念，使得民主在概念之內畫出了限界，將非民主的個體驅逐出「人權」（或說公民權更為確切）的範圍之外，在政治上這樣的人將被定性為「敵」。然而先撇除掉這些被劃歸入「敵人」範圍的個體，大部分的人並不是真正的反民主，因此在這個政治社會中所倡議的所有主張，都會當然地包括處於政治社會中的所有個體。雖然這些人可能就像跟著吹笛人的孩子，茫茫然地跟到了城外等死，換作在現下的政治處境中，這些人不只是自己走入死圈，還會因著民主制度的緣故，使得整個島嶼沈沒／沉默。

人懼怕著行惡事遭到天譴、遇到鬼怪，這種無實證的東西所帶給人的約制力，似乎比政治現實所存在的真實危險，以及對應危險而來的恐懼所具有的約制力還要更高，然而到此我們或許可以質問的事情是：

究竟什麼才是理性的恐懼呢？

言行一致對於理念的倡議者重要嗎？

所謂的言行一致並沒有什麼深厚的隱喻，就如同字面所示：說的與做的相同。這點為何重要？畢竟信任是一個社會的基礎，我們相信別人會去做某些事情，所以我們才同意去做某些事情，這可能是一般的交易契約，也可能是組成整個社會的社會契約，也就是說，言行一致這件事攸關信任，也攸關整個社會的組成根本。

那麼這對一個理念的倡議者來說，重要嗎？

彌爾（John Stuartt Mill，一八〇六—一八七三）對於性別議題的關懷，除了著作《婦女的服從》（*The Subjection of Women*）以外，也曾在一八六〇年時擔任下議院議員時提倡婦女投票權；對比女性真正開始有投票權是二十世紀二〇年代的事情，彌爾的主張可以說是整整早了一個半世紀的前衛；相對的，盧梭（Jean-Jacques Rousseau，一七一二一七七八）寫作的作品《愛彌兒》（*Emile*）是在教育上重要的一本論著，提供了對於孩童教育的諸多指示與啟發，然而盧梭卻棄養了自己的所有孩子。當然，這裡並不是指提出者在理念和實踐上的不一致，就會使得理論的有效性被彈劾——這裡所針對的重點是對於「理念的倡議者」是否應該具備有言行一致的德行。

在言行一致的狀況中並不需要特別評價，因為這裡並不會令我們感到突兀，進而並沒有啟動評價機制的必要性；然而對於言行不一致的情形卻會令我們產出一種不和諧的感受和評價，例如：「說一套，做一套」的鄙夷感覺，而這樣的評價機制適用在「理念的倡議者」是合宜的，因為他是經過思考的主體，換句話說，他的行動具有道德性。在不僅有異於——甚至是相反於所說的話的行動中，其道德性如何，是這裡所要探究的問題。

從結果論的觀點來說，言行不一的結果是好是壞？所謂的結果論所指涉的是：行為的好或壞取決於行為所造成的結果，而不是行為本身。試想，若我們每個人都是言行不一致的，今天我說要買一部汽車，隔日我馬上反悔不付錢了；選舉前我端出了一盤政策牛肉，選舉後我翻臉不認帳；週日我跟孩子說：「乖，下禮拜帶你去遊樂園。」但下禮拜永遠是下個禮拜的下禮拜。基此以觀，在各個層面上若是持續如此，將使得社會關係崩解，因為到最終所有人的言語都不再具有任何信用，因而言語將不再具有任何「意義」，更不用說人與人之間存在任何信任了，說不定連「信任」或是相關言詞概念的內涵都完全消逝。至此，政治社會不再存在，更談不上任何的共同生活，從結果論而言我們可以得知的是，言行不一致是在道德上具有非價的行為。

從另一個相對的觀點——義務論而言，言行不一致即如同康德在說明其倫理學中所舉出之實例「說謊」一般是不道德的。在義務論的理論中並不是將後果作為道德判斷的對象，而是從定言令式（categorical imperative）其中之一：「除非我也能意願我的格律應成為一項普遍法則，否則我決不當有所行動。」[1]推論出在說謊的情形下，主體的格律無法作為普遍法則而成立，甚至是矛盾的，理由在於這樣的格律——言行不一致——普遍的話將使得承諾本身不再可能。

從此我們可以知道，不論從結果論或是義務論的觀點來說，言行不一都將是不道德的行動，然需再次說明者為這所指陳的對象是該「行動」的「道德性」，而非「理論」的「有效性」。大如主張共產主義的國家統治者，搬出共產社會的願景，但卻極盡所能地剝削所有赤貧階級使自身享受著富裕的生活，自身被財富給膨脹到比資本主義社會的資本家還要沃肥；小如主張無政府主義或是市場放任主義，但卻享受著國家的福利政

[1] 康德著，李明輝譯，《道德底形上學之基礎》（*Metaphysik der Sitten*），頁二〇。

策所帶來的便利，例如主張國家不該有任何管制，但卻是享受健保制度的醫師，其實這樣的情況正是在經意或不經意之間讓自己的行動支撐了這個自己的言語所反對的系統，這當然是矛盾的。而這樣的言行不一致，如同前述，是不道德的，換言之，身為道德人的我們應該戒慎，不去從事言行不一的行為才是。

中華實用主義

臺灣的社會環境常見如下的說法：分數先選學校，科系不重要；頭腦好的念理組，頭腦差的才念文組；學這個有用嗎，你賺多少錢……等等。然而，選學校比選科系重要嗎？念理組就代表比念文組頭腦好嗎？什麼又是有用，跟賺錢又有何關聯？我想這樣的現象會出現有兩個原因，分別是士大夫傳統思想的遺緒，以及，政治歷史。

士大夫傳統思想的遺緒所指的是諸如：「萬般皆下品，唯有讀書高。」或者「十年寒窗無人問，一舉成名天下知。」等思維，雖然看起來「讀書」是這個思想所推崇的活動，但這裡的讀書並不是為了追求知識的那種讀書，而是為了求取功名利祿，那些金銀銅鐵的現實利益作為誘因所引致的活動，十年也好、二十年，只要能上榜就能光宗耀祖，還能脫離貧困進入穩定富足。柏楊早在一九八一年的以〈中國人與醬缸〉為題的講演也這麼說過：「中國文化中最能代表這種特色的是『官場』。過去知識份子讀書的目的，就在做官。這個看不見摸不著的『場』，是由科舉制度形成，一旦讀書人進入官場之後，就與民間成為對立狀態。那個制度之下的讀書人，唯一的追求標的，就是做官，所謂書中自有顏如玉，書中自有黃金屋。」這跟西方哲學起源的希臘時期的「愛智」可有千萬里別：從先蘇時期對於宇宙的求知慾望，到蘇格拉底對人的思考所教導的如何走向美好人生，學習、閱讀、知識都是在過著反思性的生活，直到日後的哲學轉向，也是對於「知識」——「了解事物何以為其所是」——的關注[1]，而這跟中華文明以當官成吏為目標的「讀書」，有十分明顯的差異。

從「哲學」的視角來評價「士大夫」傳統的源頭：「儒家思想」，甚或是「儒教」，可以發現它從來就不是一種哲學，更也不會是知識的活動，遑論是種消極的人生觀。它養成的其實是一種將就的「中華實用主義」：即便是具備一定條件——分數——的學子，也會先選學校而不是科系的原因，是為了將來出社會時容易在面試關卡給主管好印象，能錄取到好工作、有穩定生活，而這個即將占據往後半個世紀人生每日至少三分之一的活動——工作——是什麼完全不重要，只要有份不錯的酬勞就可以了。而且這樣的想法甚至已經不用學生的父母來督促，學生早已將此等想法內化，而會根據這樣的準則做出符合中華實用主義的決定：什麼科系都可以，只要有穩定工作的報酬，人生美

1 Simon Critchley, CONTINENT AL PHILOSOPHY: A Very Short Introduction, pp.1-2, OXFORD UNIVERSITY PRESS, 2001.

好與否、知識豐沛與否，完全無關緊要——其實這跟中華美學也沒有太大的差別，衣服可以穿就好，穿得好不好看有什麼關係呢？高腰褲紮起來肚子才會暖和呀。

而所謂的「政治歷史」在臺灣的語境下，就脫離不了戰後隨著國民黨來臺的黨國政治與奴化教育；二二八事件是個族群文化衝突以及壓迫的爆發點之外，此後的數十年白色恐怖都無法被剝離開這塊島嶼的歷史。在這段時期中，許多被歸類為「文組」的知識份子被殺害，當然不能說沒有「理組」的人遇難，但實際上主要獵捕的仍然是「文組」的人士，「理組」會遇上危險也只能說是「不守本分地」沾染了騷亂的人文氣息，受到其中所具有的思辨特質影響產生對於穩定的可能威脅：秩序至上，人命至下。

在這段歷史中造成了臺灣島上的普遍性恐懼，由於統治者由上而下的審查，致使被統治者產生自我審查，被「民主」的謊言給欺騙——是的，我們是自己的統治者，但主權並不是在民，主權在蔣；「人民是自己的統治者」並不是說自己統治自己，而是人民成為「集體」的一部分，回頭規訓著自己的一切言行舉止。這個統治的規則來自於他人，而非統治者自身。這樣的恐懼使得寒蟬不響，所有人停止了思考，因為思考太危險了。思考這件事情在一個開放性的社會中是不受限甚至是被鼓勵的，相對地在封閉的歷史中則是被貶抑為製造混亂的活動：凡事越是無關思辨越是好。因此，越是缺乏思辨、越不會去反思自身的處境，甚至為了統治者的利益鞭笞自己，而當自身的意志已經成為了統治者的一份子在統治著肉身，這樣做是符合統治理性的，因為這將維持政治秩序，而這也就造成了思辨文組在社會上被鄙視的結果。

最後也最重要的問題是：什麼是「有用」？「有用」跟賺錢又有何關聯？這跟傳統脫離不了干係，而乘著歷史的趨向導致的結論就會是：「中華實用主義」。先說正統的實用主義為何，實用主義（Pragmatism）來自於十九世紀後半葉，皮爾斯（Charles Peirce，一八三九—一九一四）在一八七八年發表的論文〈如何使我們的觀念清晰〉（*How to Make Our Ideas Clear*）指出：信念實際上是行動之準則——即行動是思想的唯一意義——作為實用主義的先聲。詹姆斯（William James，一八四二—一九一〇）對此實用主義提出之說明係：「在這種情況下，實用主義的方法試圖以探究其相應的實際效果來詮釋每一個概念。是這一個概念還是那一個概念是真實的，實際上對任何一個人來說，會有什麼分別呢？……遇到爭論很激烈的時候，我們一定要能指出這一邊或那一邊是對的之後的實際差別。」[2]無論是詹姆斯所舉有關松鼠繞樹的問題[3]，或是更為龐大

---

2 William James著，劉宏信譯，《實用主義》（*Pragmatism*）（立緒，二〇〇七年），頁四七。

3 一隻松鼠在樹幹的一面，一人在樹幹的另一面繞著樹想看松鼠，但松鼠總以等速跑到另一面，所以此人永遠沒看到松鼠。形上學的問題是：這個人是否繞著松鼠？而詹姆斯提出的回應是：所謂的「繞著松鼠」的意義是什麼？是在松鼠的北東南西呢，又或者是前右後左？換句話說，實用主義的方法是指：探求議題的結論對於任何人來說會有什麼現實上的實際差異（效果）？若沒有的話，那

的形上學問題，例如決定論與非決定論，唯心論或唯物論，在實用主義下都是根據同一套標準進行檢驗，也就是說一個命題、議題的爭論若在實際上沒有產生出具有差異性的效果之時，就會是沒有意義的。換句話說，知識所具備的工具性並不代表其性質被貶抑，而可以改說是知識為了實踐而存在，而實踐也貢獻於知識的獲取。

相對地，異教的中華實用主義則與實用主義毫無關聯，中華實用主義所說的「有沒有用」在語言的意義上並非「是否可以解決問題」，而是「賺了多少錢」。換言之，有用與否的標準在於取得多少財貨：賺的錢多就是有用；賺的錢少就是沒用。尤其搭疊上現代資本主義中具有的資本累積的傾向，使得中華實用主義更加被助長。穩定的工作與報酬以及安穩度日比任何事物還重要，苟且偷生與犬儒變成了至善，加上對於思想的貶蔑，更加促成了只關注財貨的獲取而其他則無關緊要的傾向。進而，有用與否再昇華為對錯判準，有用就是對的，沒用就是錯的，因此與其寫一本具有豐富知識的書籍，不如寫一本媚俗的暢銷著作，何故？因為後者才能賣得多。怪異類同的卻是桑德爾（Michael Sandel）所曾指出的市場對於價值的腐蝕效果，也就是原先事物領域中位居價值核心的本質被市場所取代，進而讓整個事物產生質變——在中華社會中就如同知識被貶低到不

麼即便選項不同，實際上也沒有差別。

具有價值，因為這時價值的判準已經被是否具有經濟潛力給取代，尤其嚴重的是不只是知識的層面，而是生活中的各處都在中華實用主義之下都不具備價值。除了經濟——賺錢——有用——對——善——美，一切概為糞土。

最後呢？就是人性的消亡。「人」原是具有思考能力的主體，能接納其他的觀點、能拒絕經濟作為唯一的標準，能否定這種偽實用主義、反知識的風氣。如果我們放棄去做這樣的反抗，我們將只會留下一個具有肉身的軀殼，以及一堆印著肖像與面額的紙張。

無過失的認知偏差

我們對於任何人事物的認識一定與實質有所偏差，這不是說本體的知識獲取有無可能的問題，而是在社會中的人際交往中，除了情人之外沒有那麼多時間可以投入對另一個人的認識與了解，那麼我們只能從表象來對這個人做出判斷。

例如前些年臺灣流行的證照考試，許多人去考取大量證照只為了面試工作時能讓雇用者「迅速」知道個人具有什麼能力。重點在於「迅速」所代表的效率。資本主義社會中金錢是衡量一切的標準，萬物——甚至是時間——皆能有價。在進入這個標準後，當然價值就會有高有低。面試這件事，就兩個個體而言，確實可以促膝長談聊到天南地北，從怎麼長大、誰是好朋友、喜歡什麼顏色、個性活潑還是害羞等等都是聊天主題，但第一這跟工作的取用條件無關，第二是雇用者（資方）與面試者（勞工）時間不等價，換句話說，我們所處的階級社會中前者是貴金屬，後者是廢五金。

在個人外顯的條件中，證照之外就是學經歷，從頂大出來的通常是優選，學店出身的資料通常歸屬到垃圾桶。這很合理，因為要夠「經濟」。然而，無論是任何身分，證照也好、學歷也好、經歷也好，這些都是一種「傾向」（inclination），也就是說歸屬於特定身分的個體具有某種特質的傾向較高，例如頂大生較努力，學店生較怠惰，這從大學的錄取門檻就能作為判斷的依據。但既然是「傾向」就不會是非黑即白的二元化判斷系統，白話來說，頂大生也會出現殺人犯，學店生也會出現董事長。但是，判斷學店生就是比較混，頂大生就是比較認真，就會是草率的判斷嗎？一點也不。甚至如果判斷失準也不構成錯誤，考量到前述的條件（尤其是效率），這是完全無過失的，那麼就不會是個錯誤。

我們用任何身分來判斷個體都是基於某種意識，而這意識是先入為主的，我們可以稱這種意識叫做「偏見」（prejudice，先前於標的的〔pre-〕判斷〔judice〕），而我們生活的日常幾乎都是基於偏見，甚至可以說，有些人知道自己是基於偏見行事，而大多數人無論知悉與否也都是不得不基於偏見行事。例如，「如果」特定群體的犯罪率確實較高，那麼看到屬於特定群體的個體時認為他可能會犯罪，這是合理的；「如果」特定群體的患病率較高，那麼看到屬於特定群體的個體時，認定他可能患病，這也是合理的；「如果」特定群體的習性較為勤勉，那麼看到屬於特定群體的個體時，認為他應會較為努力，這更是合理的。以「如果」為前提的假設若為真，那麼基此前提所判斷的結論就正當。只不過，問題往往不是出在這個推論的過程，而是出在這個命題尚未被驗證，或是已被驗證為假所以無法作為推論的基礎。

反過來說，根據偏見所做出的判斷即便失準也不會是「錯」，正是因為無「過失」。所謂過失在法律上來說就是「應注意、能注意、不注意」，簡單來說，有注意的義務、有注意的可能性、卻沒有去注意。普遍而言，若把法律等同於社會生活是會有落差的，但我們判斷對錯的學問稱作倫理學（ethics，或稱道德哲學），而刑法法律原初的處罰基準正是基於道德上的錯行予以法定化，並透過正當化懲罰的論據實施刑罰。也就是說，對於殺人、竊盜、詐欺等犯行予以處罰的標準，與倫理學上的對錯標準是相同的，這也是為什麼這種犯罪稱作自然犯（mala in se，或稱倫理犯），相對於今日許多犯罪類型是出於管制上懲罰程度的提升而成為刑罰的法定犯（mala prohibita）——如酒駕、食安、環保的刑事處罰。換言之，兩種刑事處罰的對象都是「不法／不正義」（unrecht），但只有前者（倫理犯）同時具有「惡」（wickedness）的性質，也才會成為「錯」（wrong）的行為。因此，在判斷個體的主觀意識中是否具備有「錯誤」的（主觀）條件時，適用刑事法律中的「過失」概念是沒有絲毫誤差的。

就認真對待任何一個主體來說，我們確實有道德上的義務要對每個主體給予個殊的關懷，然而在現實的社會中我們只能基於他們表面所彰顯出的資訊給出判斷，所以要說有可能去認識到任何他人的實質是言過其實的。甚至，社會中的有些個體，也明確地知道認識這個人的表面不同於這個人的實際——而且，在大多數的時間中我們也只需要認識到這個人的表面，所以才會有「行禮如儀」的交際文化存在，但仍然相同於前面所說，無論知道表裡是否相合，大部分人縱使知悉也會是不得不依照先入為主的認知來行動。基此，這個無過失的認知偏差從來就不是錯誤，這甚至是某種人際交往中無可避免會出現的「成本」。

所以，元首不見得能領導卻可能貪汙；首長可能不會治理卻可能瀆職；教師可能不會教學卻會霸凌；醫師可能不會開刀卻會賣器官；律師可能不會辦案卻很會應酬；法官可能不會審判卻會收賄；女性可能不會溫柔卻很硬派；猶太人可能不貪婪卻很誠實；原住民可能不喝酒卻進入高級官署。凡此種種，我們無從說我們對任何歸屬於前述身分的個體判斷具有前項的特質是錯誤，反而，正是個體具有特定的身分、歸屬於特定的群體，而這個群體所占據的社會角色（role）具有一定的特質，我們以對這個角色的認識套用到對這個個體的認識，是正當且合理的推論過程。

重要的是，「角色」與「進入角色的個體」永遠都是具有落差的，我們甚至可以說這個角色所具有的特質是這個社會對於這個角色的期待。那麼，當社會對於這個角色是這樣的期待時，我們以此為基礎對進入該角色個體進行認識，不僅可以說是「積極地」

我們這樣做，甚至「消極地」我們也不得不這樣做。

既然基於偏見所做出的判斷與實質有段距離是個無過失的偏差，故而並非錯行，所以在這裡並不是想要對這樣的模式進行譴責。相對的，只是要指出有些或許還沒被明確的事情：當我們都知道在自然的層面中，我們看到吸管插到水裡會有折射的影像，跟吸管實際上仍然是直的有所落差，那麼在社會的層面中，我們難道能認為眼見就可以為憑嗎？

跨世鬼父

「我的女兒是我上輩子的情人」、「我的爸爸是我上輩子的情人」似乎是再正常不過的「親子互動」言語。但這真的是「親子互動」嗎？在這樣的社會結構底下、這句話本身所包含的「情人」語義的意涵底下，這是親情的宣示，還是亂倫的自白？

「這樣的社會結構」所指的是歷來性別不平等的社會結構，父權式（Patriachial）社會是不論民主政體／專制政體、共產主義／資本主義的共性，在國族作為區分之外，性別也是另一種個體區辨指標，而兩種性別之間（生理上）男性在人類歷史上居於支配統治階級而具有優勢，相較於處於第二性被宰制的女性在上個世紀才被平等對待（獲得公民權）。然而，同樣生而為人，會因為生理器官的不同而受到不同的對待嗎？

有人會說：「這是歧視！」但這樣的急語就如同上輩子情人的言說一般是不經思考的，因為無論從中文上的「歧視」所代表的「不同觀點」，又或是英文上的 discrimination 所代表的區分對待，在語義初始都不具有負面意涵。實際上，就連男廁跟女廁的分別設立就是一種「歧視」，在通俗語用上我們使用歧視這個語詞都隱含著（負面）歧視的內涵。那為什麼廁所分立是正面的，但同工不同酬卻是負面的？重點應該是在於「正當」與否的問題上。也就是說這個區別對待標準是否是「可被正當化的」。

在廁所的例子上，考量到男女生理上的差異以及因此所形成的文化差別，對於男女在如廁上的區別，是顧及了各自性別的特徵有所「不同」之外，以及對於自身「隱私」的保全有所思量的原因。而在同工不同酬的情形，之所以不正當是因為所謂的「酬勞」是作為工作的對價，那麼既然同工就應該要同酬，而不應該以「性別」作為酬勞區別給付的標準。也就是，我們可以說，事物若以其應被對待的方式對待，就沒有不公正，也就沒有歧視的問題。

在父權式社會的結構底下，一般男女情侶關係之間，因為各自歸屬於不同的性別群體以及群體所屬的位置而無可避免地將有一方處在支配、另一方處於被支配的位置，就像是白人，即便沒有打壓有色人種，也因為身為白人而具有類似「原罪」的特性；因為身處於社會之中，我們隨時隨地在參與著這個社會、形塑著這個社會。

所以說，當父女之間宣稱彼此是上輩子的情人之時，我們可以從這裡看到支配關係的彰顯——明顯的比較是從來不會有母子這樣宣稱，所以在性別的差距上，可以發現這似乎是侷限在父女之間而不包括母子的特殊現象。男性從過往的一妻多妾（或其他文化中的多妻多妾）到走向一夫一妻的體制現狀，可以說是某種主觀上「權利減損」（即便是回復到應有的狀態，但因原先特權遭受剝奪而產生上的心理影響，也將使得不公的感覺產生）；面對必須遵守（否則悖德）的婚姻體制，只有透過對其他女性的「所有宣示」才能獲得歷史進展下的心理補償。

如果對家庭之外的異性做如此的言論呢？例如說：「你是我的情人」，那毋寧被當作出軌的前兆，甚至是心靈出軌的證據。如果是說：「你是我上輩子的情人」呢？那又因為「上輩子」的不可知以及歷史的不可逆，讓這種既成事實的宣稱變得如同真實一般無可撼動，take it or not, here lies the fact。如果是對家庭成員說出：「你是我上輩子的情人」呢？那在親情的包裝下，似乎更可以豁免掉對於這種情愫包藏以及舊習遺產的審視。畢竟，那是上輩子了，而且她是我的女兒。

但是，不就正因為是父女的關係，才讓這句話變得可怕嗎？如果說情人之間的情感最終將會從喜歡昇華成愛這種無私奉獻的事物，而愛所代表的是他方在自己世界中的神祇位置，獨一無二、排他的心靈佔據，更尤其愛是超越時地的，所以我們想要在對方的未來中具有一席，也對自己無法參與的過去感到在意，即便我們裝得再寬容，聽到對方談及過往的情人也多少有些吃味，這是因為當愛萌生之時，我們想要在對方的過去、現在與未來，作為唯一。

更不用說這種理論上的論說並不是父權思維慣行下——換句話說，把女人當做所有物、客體、物品——普遍的思維，所以縱使把愛理解成「兩個主體之間，如同圓一般的交疊」，也不因此而改變這種「上輩子情人」語句的扭曲，因為親子關係中的愛並不如同情人、愛侶、夫妻之間的愛。「愛」一詞固然是對應到love，但在希臘文中卻有指涉不同性質情感的概念，親情之愛（Stroge）與情愛（Eros）所指涉的即為分別代表中文「親情」與「愛情」的不同對象。所以若做出「情人」的宣言，毋寧是刻意或疏忽地把「親愛」當成「情愛」，無論何者都是令人感到不和諧的，而這並不會因為是不可知的「上輩子」就能洗去——因為（情）愛會超越時空——也不會因為家庭成員就能以（親）愛來掩飾——反而正因為有意無意地情感置換才讓這樣的語句不對勁。

許多人或許只是因循著而說出這樣的話，卻未感其中的不和諧之處，但在一個世紀之前那個女人沒有公民權的年代，也沒有人感到這件事有什麼不對勁，甚至在更早遠之前，少數族裔被當作奴隸也是理所當然。但重要的並不是現實如何，而是我們以什麼價值來審視這個現世，只要這個價值是正當的。所以當這樣的怪異現實被揭開，難道我們——無論性別地——還要容任甚至支持這種跨世鬼父的宣言嗎？我想，若在性別的觀點之下，這種言論及其所帶有的影響，是很難被接受的了。

第三章

泛論政治社會

汙名與道德流氓

汙名（stigma），是取自自高夫曼的書籍《汙名：管理受損身分的筆記》中的概念，這是十分貼切的對應，就如同烙印一般帶有負面的性質，具有特定身分的人，那些身分就如同拔不下來的瘡疤，一輩子跟在自己的身上，差別只在於是隱或顯而已。顯的是那些缺陷外彰的人，例如身體殘缺或是智能障礙，具有這些特質就讓他們進入特定的身分群體中，殘障者、智障者等等；相對的，隱的是那些歸屬於特定身分群體的特徵並未外顯的，例如精神病患、性少數，而對於這樣的群體來說，重要的就是訊息的管控了，也就是對誰開放出自身具有特定特徵的資訊流通管道。

前面曾在〈無過失的認知偏差〉中談過「傾向」的問題，簡略而言，所謂的傾向就例如頂大生較為努力，學店生較愛摸魚，這樣的意思。也就是說在比率上，歸屬於特定群體的個體會較為具有符合該群體的特徵之傾向。所以說，我們對於屬於特定群體的個體有先在的認知——也可以稱作偏見（pre-judice，即「先在的」判斷），這並不是具有過失的道德錯誤，因為在社會交往中我們只能根據他人表現所呈現出的資訊來做出判斷，而不可能認識到他人的實際，所以絕大多數人的大部分時間也都是依照表面所取得的資訊來行動，如果強要所有人根據對於他人實質的認知來進行往來，那無非是強人所難。

也就是說，所有的汙名都是「真真正正」地深烙在每個人的身上，雖然我們每個人都具有汙名，「正常人中絕大多數的幸運兒都可能擁有半隱半現的缺陷，並且每個小缺陷總有個社會場合會讓它被放大，從而在虛擬與真實社會身分之間形成一道羞恥的落差。」而《汙名》的啟示也在於論述汙名並不來自於人的本質，而是來自於觀點的共構，就如同前文中提到：「角色」與「進入角色的個體」永遠都是具有落差的。

而這是我們生活以及認知到的現實，但是規範上我們同樣也要求去保障弱勢者，無論是顯是隱，甚至這個規範的力度在近年來強悍到把所有消極不作為的人都斥為體制共犯，似乎長年處於弱勢的那方化為猶太人，而所有其他人都變成馬丁・尼莫拉（Friedrich Gustav Emil Martin Niemöller 一八九二—一九八四）所說若不出聲將來也同將被噬毀的另一種少數，這是一種政治正確，也成為一種道德流氓。所謂道德流氓，也就是以實踐特定的德行作為正當化所有對他人的傷害或限制的事由，例如在誠實是種美德的社會中，某人或許立志成為一個具有美德的人，所以他認為別人胖就說別人胖、認為別人醜就說別人醜、認為別人蠢就說別人蠢，這些真真確確都是誠實的表現，但是誠實從來就不是個可以被上綱到位處無可挑戰高度的德行，除非如同康德的定言律令提到的殺人犯追到門口我們仍然要遵守理性下達給我們的誡命，告訴他被害人藏匿在哪。

在道德流氓的行徑中，會因為他做了符合道德正價的行為而要被包容，就像是因為要主張女性主義，所以電影內容差勁也無妨，只要全部都是女性演員那麼這部片的目的就達到了，然而電影卻不再是電影，而成為衛教片。甚且若對這樣的電影進行批評，還會引來諸如：「歧視女性！」的撻伐，縱使批評的焦點聚集在電影的內涵而不是誰──或什麼性別──來飾演。

走在臺灣的街頭有時也會發現，有些殘障者或許表演樂器，或許用擴音器唱著歌，還是很努力地表演其他才藝，而他們面前都有一個如同街頭藝人般的打賞箱。但我認為這是讓人混淆的。先拿街頭藝人來說，他們面前的打賞箱是因為他們的才藝若能博得路過觀眾的目光並取得認可，觀眾會願意對這個表演給予些許金錢作為報酬或是獎勵，而在乞丐的情況中（尤其是殘障者），他們面前也會有個請求路過者提供些許金錢作為過活生計材料的碗盆（雖然有些乞丐不是真的乞丐），而路過者多為基於憐憫提供給乞丐金錢，他們不是給乞丐特定行動的報償，更不會是獎勵，確切地來說，這是施捨，是基於悲憫德行的無私給予。

混淆的地方在於如果是一個殘障者卻以表演的方式來取得金錢，那麼所獲得的金錢性質到底是什麼？人們又是基於什麼目的而提供？如果是報償的話，相較於具有真正才藝的表演者賣力練習展現出的結果才換取到的回饋，若以「才藝」的標準來審視的話，何以在是否具有殘缺的特質上出現差別待遇？這點就像若是智力競賽，也不會給霍金更多分數，因為霍金的殘缺部分並不在於腦袋，所以在智能的部分是毋須作出區別對待的。那麼這樣的殘障者進行表演的方式，毋寧就是一種以表演作為手段來達到乞討目的的活動了。當然這裡所討論的那種表演並不能算是一種「表演」，因為他們並沒有盡心盡力地如同一般表演者去精進自身的技藝，因為即便身為障礙者的個體，若仍努力地去達致一定的成就，縱然與一般人的成就有所差異，仍將輝耀出一定的光芒。就像是殘障奧林匹克，在活動中的個體所彰顯出的是一個人的自我實現能力以及不受身體因素阻礙的能動性，而這些都是值得受到敬佩者的特質。到這裡，我們是把混淆給釐清了，但這樣的乞討就沒有爭議嗎？

確實現代的主流價值觀——政治正確，讓我們被要求去包容所有的少數，而我們所有人在各種身分上或多或少都有可能會是個少數，即便是白人、中產階級以及男人，也可能是個精神疾病患者或罪犯，但身為少數也可能會去倚仗政治正確這樣的價值觀進而展現出道德流氓的行徑，強要他人包容，或是說，其他人也可能在政治正確的風潮下，基於不一而足的理由容忍這樣的行徑，即便不願。但是問題就出在於隱然地我們像是被告知要去包容某些倚仗政治正確、濫用其衍生之差別待遇的行徑，甚至如果不包容、如果提出自己的看法認為這樣的行為造成了困擾，就會擔憂著受到譴責，或者真的受到譴責。然而無論何者，都會讓我們的言論產生限制而不自由，言論內涵中所更基礎的表現，表現內涵中更基礎的思想因此被抑制，我們還能聲稱我們處在自由主義的社會嗎？

確實，我們每個人在某個層面上都是殘缺的，我們以正常與不正常來劃分出我們與他們，雖然「不正常的才是正常的」，然而這是另一回事，畢竟這樣的事實並不受到質疑，即便普遍來說並沒有產生廣及的共知。然而，道德流氓所將產生的惡害，政治正確所將產生對於自由的侵蝕，或許能在前述的描寫中得到一些顯現。確實地，平等是一個值得追求的價值，但是我們必須要知道的事情是，越是追求平等，自由只會越受到戕害，這是無奈的，然而這也是事實。

腐化

臺灣常見的是一句俗語是：「談錢傷感情。」但大家還是時不時地把金錢拿作判定事物的標準，在作家林蔚昀的著作《我媽媽的寄生蟲》中就有紀述到這個現象，例如買東西給家人吃時一定要說：「這個東西花了我多少錢欸！」又或者是在經過一番努力去成就一些事情時會被問到：「你花那麼多時間，怎麼那麼少錢？」似乎只以金錢的多寡來衡量萬事萬物。然而以金錢為標準時，也代表了排除以文化、知識或者是情感作為標準，但若真以功利來思考這樣的標準時，難道代價不會太大嗎？

有沒有東西是錢買不到的？這是桑德爾在《錢買不到的東西》（*What Money Can't Buy: The Moral Limits of Markets*）這本書裡所提出的質問，裡頭正是在思考當市場中的貨幣秩序成為一切的判準時，是否是我們理想中的社會？更甚者，我們讓社會完全地放任，市場會吞吐出我們想要的東西嗎？

例如捐血，在「捐」的時候我們是為了幫助人，那麼它所具有的道德價值是否與把血液商品化後的「賣」血相同？原先基於利他主義或是其他德行所做出的這個行動，是否會因為驅利的動機讓整個行動變質？公共場域的免費劇場演出造成的大排長龍，冒出來的付費代客排隊以及黃牛，是否會讓原先要把藝術公共展演的美意扭曲成為市場競逐？更進而產生出具有財貨的人才能享受這樣的表演，而排除掉無法撥出時間也沒有金錢的餘裕者，進而成為「不公平的展演」？

如果一家大型公司出售的商品是會造成生態代價的，而他們提高了一些價格告訴所有顧客只要增加這些花費，他們就會把這些收入拿去拯救生態、種一棵樹，那麼我們消費這些商品是否就沒有道德上的疑慮了？

我想並不是這樣的。當企業如此作為，或許看起來是個良善的立意，但內裡卻隱含著道德衝突：我們消費破壞了生態，但我們消費也拯救了生態，那我們到底該如何是好？更進一步，我們額外開銷的這筆金錢，就是我們貫徹道德價值的行動了嗎？用錢我們就能買到我們所有想要的東西，包括德行嗎？

矛盾是一個重要的問題，尤其在道德上。規範倫理學所探討的正是何種行為是我們「應該」（ought to）要做的，但一件事物同時包含著對反的道德規則，那我們將會進入道德混亂。而另一個問題正是市場價值的進駐會破壞原先事物的本質，這也就是腐化，依照桑德爾所說：「若要腐化某種財貨或社會事務，就是去降低其層次，也就是以較低，而非適當的衡量模式來看待它。」換言之，以比事物應有的層次更低的層次去對待它，亦即貶低它。

當我們用金錢作為標準來衡量事物，也代表讓市場的價值進駐。當事物成為可被交易的，這些事物也成為可被用來獲利的工具，而我們也認為這是沒有問題的。所以當身體刺青成為活體廣告、女性成為代理孕母、政府為了收益在警車上標示出贊助、身體器官的出售，這些都讓原先該事物的價值被逐出該事物之外。當然事物會變革、更新，但是如果原先該事物是因為該價值作為核心才能「是」該事物呢？如果人正是因為有尊嚴才是為人，那將其商品化是否這個人就被貶低為物的層次（物化）呢？

臺灣在西化的過程中繼受西方文明的諸多產物，其中之一正是資本主義，而這是讓我們生活富足以及私有財產獲得保障的重要制度，然而世上事物從來就不可能只取其利不受其弊，我們在接受市場、享受到好處的同時，也會面臨到市場所帶來的代價，因為市場本身就是一種代價。

自由主義的思想中，重要的是個人的不被干預，這稱作消極自由，也正是自由概念發軔的起點，排除國家高權對於個人權利的干涉，所以自由主義式的國家有了「中立性」（neutrality）的特質。最初是因為國家不得對宗教有特定的立場，不得支持特定的宗教，讓宗教與政治得以分離，這也是政治世俗化的結果，雖然在現代世俗國家之前的國家型態都是宗教國家，但是對於神權的反抗使得政治現代化。而這中立性的特質也呈現在對於個人權利的不加干預。「市場是自由的」正是這樣的假想，但市場之所以會是自由的，是因為它是具有「手」的一個實體，我們看不見它，但這隻手時時刻刻在調節著裡頭的東西，而這個活體也會持續地進逼，嘗試著征服、也成功地征服了社會中的諸多領域。

基此，市場的進駐將把事物的核心掏空，然後把自己擺放在判準的位置，進而產生了腐化的現狀。市場所代表的自由主義被想像成是價值中立的，但是價值中立的市場本身就不是價值中立的，裡頭早已設定好所有的事物如何被衡量，亦即，如何被定價。如果我們仍是能思考的個體，我們是否能接受被腐化？是否能接受生活的各領域被腐化？若成就是文化性質的而無甚銅板可作為已花費時間的對價，那麼這個事物就因此成為價值低落的嗎？

面對「腐化」，若是無所作為，事物只會持續地被侵蝕，直到它無法再被他人所辨認出；我們消極的不作為就等同於容忍，也表達了我們的態度。唯有積極地去維持事物原有的價值——例如人的尊嚴，我們才能維繫我們所欲求的道德秩序。

善意謀殺

如果我們是出於善意，那麼因此所做的一切事情就能被正當化了嗎？或許並不是這樣的，試想種族淨化也是有著偉大的夢想，把人類品質提升的夢想，汰除那些劣質品種例如殘障、智能缺陷的個體，但這些已經成為無法被接受的。這裡要說的不是道德共識，而是目的無法正當化手段的問題，危險的不是出於假性善意而需要被揭穿，致命的反而是出於真心誠意地相信自己是善意，也因真心誠意的善意而認為自己所做的一切不僅應該被接受，更不容反對。

電影《血觀音》中繞樑的臺詞「我是為你好」正好顯現出華人社會這種普遍的習性。我們不難想見的是父母與子女有著這樣的對話：

「為什麼我不能出去玩？」

「我是為你好。」

「為什麼我不能跟他當朋友？」

「我是為你好。」
「為什麼我不能跟她交往？」
「我是為你好。」
「為什麼我必須每天早上七點出門五點下課，補習班十點下課回家複習功課到凌晨一點才能休息？」
「我是為你好。」
一切的殘忍都被掩蓋在這冠冕堂皇的說詞底下，而可怕的並不是父母違心或者敷衍，可怕的是父母是真的這樣認為。更尤其在儒教風行了無數世紀的華人文化中充斥著固著的階級秩序而沒有任何流動可能性，所以所有的個體已經被馴化成為去順服——而非尊重——父母的決定，而正因為父母是子女在儒教倫理中必須服從的對象，這種觀念延伸到官民（父母官）、君民（君父）還有教師（一日為師，終身為父）的層面，我們把我們要服從的對象皆以父母之名冠之，正是出於此理。柏楊這麼描述過這樣的華人社會現象：「嗚呼，愛心，愛心，愛心，天下多少罪行，都披著愛心的美麗畫皮。父母為女兒纏小腳，為了她將來好嫁人，是愛心。『君父』把小民打得皮破血流，為了『刑期無刑』，也是愛心。試問一聲，教習對學生，一板子是愛心？十板子一百板子還是不是愛心？報上說，教習把學生三個耳光打出腦震盪，他同樣也堅持他是出於愛心。」這不無是在呼應羅蘭夫人（Marie-Jeanne Roland de la Platiere，一七五四—一七九三）上斷頭臺之前的呼頌：「自由自由，天下古今幾多之罪惡，假汝之名以行！」畢竟，法國大革命過後迎來的不是自由，而是恐怖統治與專制復辟，而自由、平等與博愛則成為號召的言詞而已。

我們可以再更進一步去思考，若「我是為你好」是可以證成一切手段的目的的話，那麼我們可以用一個極端的例子來駁斥、歸謬出這個命題的錯誤性。如果一個家庭中的父母經濟陷入赤貧、跌落貧窮線以下，而他們不僅主觀認為無法帶給孩子幸福的生活，在客觀上也確實地無法帶給孩子幸福的生活——或許是無法提供足夠的資源；或者是若父母自己死亡而讓小孩必須要在臺灣社會安全網並未健全的情形下交給社福機構安置，尤其還可能要帶著心理創傷——而帶著孩子在汽車中燒炭自殺，這個例子並非虛構，而是時不時會出現在社會新聞上的真實，那麼這樣的行為會因為「我是為你好」的理由而具有正當性嗎？我想沒有人會同意，但不一致正出現在這裡，因為許多人單憑結果來決定好壞，但他們所用來決定的「結果」只是某種不甚穩固的道德直覺，而非根據功利主義的結果論，換句話說，沒有任何的倫理學基礎，而不過是種感情作用而已，那麼要說到證成，多少還是有些距離的。

我們可以進一步去考量到自由，在前面我們已經看到「目的無法正當手段」這個明顯的事實，這裡我們要說的是：我們人之所以為人，正是因為「具有自由」這個「成（為）人（的）條件」的問題。我們必須認真對待每個主體、尊重每個人，但是在隱含著支配性的「我是為你好」的框架中的「你」已經被貶低為「客體」而被非人化，換言之，若作為客體則當無自由可言，無自由則無人的適格可言；當這樣的情形發生，這是再好的結果都無法填補的悲慘境遇——因為這個「你」不再具有自由，而不再是主體。表面上即便是龍鳳，也永遠是沒有自由在籠裡的囚鳥。

但即便我們指出這樣的問題，我們仍然會面臨反撲，而這反撲正好更是去證明了「我是為你好」不僅是個無法用目的正當手段的說詞，而是這些都是為了「我」而去做的。

在華人家庭中父母無法去理解、同理到子女的心境，因為子女對他們而言並沒有「心」，因為根本不是個主體，「打在兒身，痛在娘心」正好映襯了子女作為父母財產的情境，試想若是自己的車子給人劃了一痕，心痛不心痛？而當這個財產還開始反逆，父母會不會覺得投資都白費？是的，這正是一種投資，畢竟「養兒是為了防老」，生子對其等而言正是一種「保險」。所以許多父母才把我栽培你花了多少時間、多少錢掛在嘴邊，但他們投資又忽略了投資一定會有的風險，簡單來說就是想用華腦玩西洋人的資本遊戲，卻恰恰在隔了一個世代之後碰上反抗而受挫而已。

我們實在也不需要為此去找些託辭。固然世代交替中會出現觀念上的變革與衝突，而對較為上層的世代而言，傳統是一種因反覆慣行而形成的權威，而處在超封閉社會的醬缸華人文化中更不可能期待「反思」這個活動的發生，所以「習慣成自然」，批判性思考的出現是不可能的，這猶如出現在儒教開始的「註釋」學，在知識系統上都已經不可能超越「師承」，只能註解註解再註解，傳統以及老年更因此被疊加上更多更多的權威。不過幸運的是前全球化的殖民時期讓我們這個島嶼，幸也不幸地經歷殖民統治而得以體驗法治的生活，在後殖民的民主轉型中，更讓這些自由觀念落地生根，例如當代的民刑法中都規定有父母對子女的扶養義務，尤其若說違背而使子女生命陷入危險則有涉及遺棄罪的可能，而這些罪名背後的價值觀可以說是對於儒教思維的重大顛覆。

從這樣新的價值觀中我們可以產生一個新的規範性觀念，來指引與修正原先那已經存在但不合理的僵固階級秩序：我們從每個個體都值得被尊重的個人主義與人道觀念出發，去批判那些「把你養大是為了什麼？（我自己）」的說詞時，就可以得出「把你養大只應該為了你」的結論，只因為「你」是一個主體，是我們所承認與尊重的主體，因為任何一個主體僅因其作為一個主體，就值得被尊重。

我們無法去相信基於善意所出的所有行為都是善良的，因為有些行為是戴著善意面具的惡行，而有些行為則是帶著善意的輕率魯莽。但我們已經處在一個公民社會之中，作為一個公民所需要的條件可不只是單純的「存在」，還有去關心我們所生活的社會。換言之我們必須要去反思，才能去履行公民的義務，也才堪稱為一位公民。而若是如此，我們更可以去要求所有人去思考：並不是出於善意所做的事情就有被認同、支持以及容許的價值，因為出於善意也可能謀殺。就實際的政治處境而言，中臺關係中以中國為「中心」的對岸，不也經常是以善意發表言論而想要把「邊緣」小島的我們給納入保護傘之下嗎？這保護傘之下沾滿了血跡已是這半個世紀來所顯見，但我們能因此就說中國不真的出於善意嗎？

若他們是真正出於善意，這才是真正的恐怖，不是嗎？

跟風潮

所謂的跟風就如同在社群網路中經常會出現特定活動的發起，例如十個職業做過什麼、沒做過什麼；冰桶挑戰；開瓶蓋挑戰；十天挑十張唱片、十本書、十部電影，這些都是跟風，更且會在極短的期間內成為一股潮流。臺灣人愛跟風的這個現象與世界相比，究竟是較為特出又或者是普遍全世界都如此，這暫且不表，我只想討論「跟風潮」這個可以有多種詮釋可能的題目，或許是臺灣人對於風潮的跟隨、或是作為名詞指涉臺灣人跟風的這個潮流、或是形容臺灣的跟風現象在臺灣人的眼裡很潮，其實都是開放的。

經常可以在新聞上看到，新店家（例如飲料店、服飾店、餐廳）的開幕，甚至是新的科技產品，都會出現大排長龍的現象，這樣的行為似乎顯示出一種「時間不具有價值」的群眾價值觀，相對而言更有價值的是「優先取得商品」。換句話說，這裡真正重要的就不會是特定的商品了，而是那個優先的地位，也就是新鮮感，只要我比（生活圈中的）其他人先取得了這個商品，雖然其他人在之後也會取得，但在這裡我就是第一，這多少反映出魯迅在一個世紀前說的阿Q的心態，怎樣都好，即便自輕自賤只要是第一都好。然而我們可以去細想，若我們在生活上已經獲得滿足、具有自信，我們需要消耗資本主義社會最重要的資本——時間——來進行這種奢侈的追求嗎？反過來說，是否在生活上是充斥著抑鬱、自卑，所以才必須要透過這樣的犧牲來取得這種「自我實現」？

賀弗爾（Eric Hoffer，一九〇二—一九八三）分析群眾運動的參與者得出的結果是：這些人融入群眾運動之中是為了取得安全感，是一種「沒有自由的自由」；這起因於生活上的失意感疊加，而其實跟風潮只不過是衝上街頭的群眾運動的輕微反映而已，因為我們也跟隨著別人的行動而行動，有人得以跟隨與模仿，讓我們不僅可以免去選擇從事何種行動的困擾——自由的代價——同時也可以因為從眾而取得想像中的認同。這跟臺灣的政治歷史多少有關，一九八七年的解嚴並不是一個讓威權直接跳到民主的一個時間「點」，反而是開啟民主化的動態過程，所以直到今天我們都還在進展中，同時這個動態過程依照杭亭頓（Samuel P. Huntington，一九二七—二〇〇八）的形容最為貼切，這是一個浪潮，所以會進也會退。簡單來說，剛取得自由的我們就如同剛出籠的鳥，只想飛翔而不知道往哪去，同時物理的牢籠雖然已經被破毀，但牢籠的形象仍然禁錮心靈的觀念，我們的行動被束縛、思想被制約。我們欠缺的，是反思（reflection）。

舉例來說中國的節目《中國有嘻哈》在臺灣也擄獲了一大群的觀眾，看著裡頭的表演者單押、雙押、三押，diss 來 diss 去，手放在空中擺以表認同，但從沒人去反省嘻哈的本質是什麼，讓這些追隨者顯得非常滑稽。嘻哈的意義是起源自貧民區的邊緣聲音，是一種對於主流的批判，指向的是強勢階級的價值觀與權力所形成的對少數壓迫，而這尤其發生在資產／無產階級之間，以及最嚴重的是種族問題。但是在這個《中國有嘻哈》娛樂性節目中卻是僅僅是賣弄饒舌技巧（technique），失去了嘻哈的精神，明白著說，裡面沒有任何一個參賽者或是評審，還是哪個「嘻哈大師」有貫徹嘻哈的勇氣，舉例來說創作出有關「小熊維尼」、「大撒幣」或是「八乘八」有關的任何主題。這讓藝術家（Artist）與娛樂人員（entertainer）的界線被劃出，政治對於這些娛樂人員來說從來就是如同塑膠一般絕緣，然而政治在藝術家的世界中卻是一個深刻的素材。諷刺的地方正在於：這種跟風潮讓一個東西不僅不再具有本質，還讓信奉這個僅具表象的事物的人，成為原先該事物的本質所針對、批判的對象。

司法的層面也沒有更好，獲得自由的臺灣社會可以見識到國家權力的運作樣貌，而隨著網路的普及也讓資訊的可及性大幅提高，除非涉及個人隱私（如妨害性自主）的案件，各種的判決書、大法官解釋以及最高法院決議甚至起訴書都已經公布在網路上，在法務部的統計或是行政院主計處的統計也都能尋得各式各樣的資料。然而，對於群眾而言，這些似乎都不存在，這並不是因為資訊爆炸而充斥著真實與虛偽的資訊，淹滅了民眾的腦海，反而是因為民眾思考怠惰，並且追隨著情緒起伏。

大部分的人只去閱聽新聞媒體甚至政論節目來得知時事，即便有些人知道媒體只提供片面的事實——雖然大部分人可能沒有這層認知——但庶民正義就讓這些人基於道德直覺包圍了警局、地檢署，只為了到場毆打、責罵那個犯罪「嫌疑人」。是什麼讓這些人願意特地出門，跑了個老遠只為了洩憤？這些人真那麼關心社會治安？又或者是生活上的不滿以此作為宣洩的出口？有多少人去考慮到一個報導所呈現在我們面前的有多少，又有多少沒呈現在我們的面前？這不只是指其他事件沒被報導，也包括這個事件的特定部分——經常是有情緒渲染力的部分——被放大而遮蔽了其他的部分，所以長相被突出，總是孝子、正妹被殘害；所以孤僻、精神疾病被突出，總是憂鬱症、躁鬱症涉嫌犯案。就像酒駕罪，並沒有諸多人去查閱客觀的數據統計比較這是否確實為最重大的治安問題，卻隨著媒體的播放——猶如節目現場提示「笑」、「拍手」的字卡一般的制約——跟著群起義憤，甚至去譴責立法委員何以不上綱再上綱，但是只知道法律卻不知道憲法就如同一知半解一般最危險，也就是說，立法委員通過的法案也禁止逾越憲法的根本原則：基本權、權力分立，又或是罪刑法定與罪刑均衡。這些對於謾罵而言，其實都不重要，只要不合我意，別人都是蠢蛋，因為這就是民粹，而民粹的特徵正是反智，尤其當不止我從事這樣的事情，而是好多人一起，甚至別人先起頭，那我只要跟風——或因桑斯坦（Cass R. Sunstein）在《剪裁歧見：訂作民主社會的共識》（*Conspiracy Theories and Other Dangerous Ideas*）所提到的「流瀑」（casdades）使然——那麼我這樣做的正確性就能獲得確保。然而，實際上最終產生的只是一票群盲而已。

在政治的領域中更是如此，但更貼切地來說是因為生活無處不是政治，從司法、人權、外交、預算、醫療、移民、稅收、財富分配、租賃、不動產，就連吃飯、娛樂都已經是政治性的了，對這點的否認只不過是刻意的忽視，而跟風潮在這裡也更加地明顯。政治參與這回事可不僅是上街靜坐、跟著領導人物的動員就稱作政治參與了，但對於很多人而言卻以為走到現場或是網路看了些資訊大發厥詞就是一種「政治參與」，只是許多時候正好因為是「政治正確」的方向，所以就有天生對於批評的免疫，然而若是逆風則將面臨嘲諷恥笑，但是一個假性的政治參與者是受到蔑視或是擁抬竟然是取決於大環境的風向，這不荒謬嗎？雖然在政治現實上，正是需要這樣能被情緒所動員而不假思索走上現場的個體，才能群聚出變革所需要的能量——這從來都是不容否認的現實——然而這裡要檢討的事情是：我們對於知識的探求不能止於形式上的蜻蜓點水，以為自己只要是群眾的一份子真的就參與了政治，而其他的事情都不再是自己的責任。一知半解永遠是危險的，以為自己實際參與了政治但卻未曾深入去思考行動的意義，即便這個運動成功促成了變革，也不過是偶然的運氣導致，難保這成果不會倏忽即逝，又或者是這些「參與者」不會輕易被拉攏去相對的方向，尤其這方向可能是下一波政治正確的潮流。

我們多少必須要帶著理想主義的性格，來面臨許許多多的未知，這些都是沒有光源的地方，只有理想才能照明我們該走的路，而這個理想的圖像越是清晰，光能就越是強烈，讓四周事物的美醜、好壞能被顯明，也包括自己的形貌。如果身為「能創造意義的主體」是我們存在的理由，那麼我們就必須去尋找意義，而不只是人云亦云地從眾。跟風潮是一個現象，但若是同意公民社會的理想，就會同意成為一個公民具有比「單純在場」更多的條件。我們必須要思考。進而，我們或許有日可以把這種帶著危險性的群體行動——融入「群體」的行動，削減為每個「個體」的自主行動的群聚，這或許就會產生不同性質的運動能量，而產生更理想的結果。

政治娛樂化有什麼關係？

在二〇一九年有邱姓臺北市議員與數位知識型 YouTuber 以及播報諷刺型的 YouTuber 組成了定名為：「歡樂無法黨」的政黨，這是趣味地取了與「擋不下的歡樂」相同的諧音，而這三位創始黨員都是從 YouTube 發跡——這個平臺從原先作為影片串流分享，到產生出新的消費型態 YouTuber，類型眾多例如包括知識型、惡作劇型、喜劇型等等不及備載，甚至這個職業也不必是全職性質，YouTube 平臺代表的是一種成名的可能，任何人都可以上傳任何影片（只要不違法），所以任何人都可能為了被看見、經濟利益或是其他目的而進駐了這個平臺。但我們必須要謹記的是，所有在上頭的都是「表演」，而之所以無論各行各業，包括律師、醫師、營養師甚至民意代表，要進駐這個場域，他們所欲求的是透過這娛樂的外裝，讓實質上想要傳遞的東西得以在這樣的途徑中完成，畢竟娛樂所帶有的性質正是易近性、無威脅性——對於觀看者來說，不過是一支影片，能有什麼傷害？不喜歡我就不看不就好了嗎？然而很多時候觀者都是喜歡的，而且是作為時間的消遣，這些內容或許真帶有客觀的知識，但更多時候是有著特定立場的意見灌輸，甚至就連使用這個平臺來傳遞訊息就是一種立場的表現。

其實這位在 YouTube 發跡的臺北市議員，多少也因為其原先團隊所拍攝的諸多影片帶給觀看者許多娛樂，而且他在這個學歷崇拜的社會中也有著最高學府臺灣大學的頭銜，然而政治似乎在此之前並非其所涉足者，唯一有所關聯的在先前不過是支持臺北醫生市長的表態，而這樣的表態或許是獲取認可的行動，畢竟得道的政治明星光環亦將讓周圍之雞犬同得升天，這也是當時許許多多無論黨派前仆後繼地攀迎的緣故。那麼在這樣的情形下，邱姓臺北市議員的當選其實並非選民理性的表徵，畢竟身為政治素人，他在參選時並無任何政治實跡可供選舉人評斷，而這些並不會因為他在日後的市議會中進行有力質詢得以回頭正當化——若是這樣的話就有太多事情得以後見之明來圓先前之說了。而且若是要這樣選擇民意代表，誰曉得會不會選上一個阿斗？畢竟換人做做看已經在二〇二〇年的今日證明出是個絕對的錯誤，也成就了臺灣首次的罷免成功案例，而前述的臺北市議員在投票前的政治策略（唱衰）又是另一回事了，與本文相關的是他發的祭品是以肛門夾斷筷子，這才讓我們發現我們的政治已經成為一種表演的平臺，至少對這樣的政治人物而言是的。

回過頭來，在該政黨方才組成的當時，也有聲音認為這並不是壞事，因為透過這樣的方式：人員組成以及資訊傳遞模式，可以讓冷硬的政治事務具有更廣泛的觸及率，就像現今諸多專業知識也被要求普及化以使得民眾可以了解一般（例如法律白話文）。但我們同樣必須要思考的事情是：難道所有東西都需要被「普及化」以取得其他的目的，即便這會貶低事物的層次嗎？這是桑德爾在《錢買不到的東西》中帶給我們的啟示：難道在政治機構、團體中有「發言人」作為複雜訊息的傳達者，還不夠嗎？政治人物無可避免地必須要有善於溝通的特質，但是這種公關性質若已經凌駕原先的政治專業甚至根本立場，成為被選擇的主要特質，那我們的政治還是「政治」嗎？

政治一直都是很認真嚴肅的事情，馬基維利（Niccolò di Bernardo dei Machiavelli，一四六九—一五二七）給麥迪奇家族（House of Medici）關於義大利區域統一的諫言，霍布斯對戰爭所產生無秩序的恐懼，洛克對於財產權不受保障所建構出的政治社會想像，盧梭所想像中的普遍意志以及社會契約的建構，甚至到施密特將政治定性為獨立於道德、宗教與美學外的純粹敵友對立，他們所面臨的現實物質處境以及相對於此所建構的理論，沒有一個是歡樂的。政治處理的是苦難，生命、身體、自由、財產甚至是尊嚴被剝奪的各種痛苦，在面臨暴政時所群起流血的反抗，換取了今日政治能有被戲謔其嚴肅性的現狀；政治權利、法律權利是在現實的悲痛與剝奪後建立而起。沒有第三帝國對猶太人的屠殺，德國基本法或許第一條不會規定對於人性尊嚴的絕對保障；沒有財產權的被掠奪，也不會有對國家徵收財產權的限制；沒有對人犯的刑求也不會有禁止不當取供的條款；沒有違法濫權的人身拘捕更不會有憲法對人身自由限時保障的規定；沒有對宗教與不同意見的迫害，更不會有對於信仰與言論的自由保障。

民主政治中，即便真正的統治者是在內閣以及國會的這些人，在規範的意義上仍是我們授權給他們，是我們同意由他們來統治我們，在這層意義上我們是自己的統治者。歡樂無法黨成立之時，創黨人即邱姓臺北市議員宣稱不排除與國民黨分裂出的組織親民黨合作，當然他說這是諷諭性的；事後遭到網友的批判後，他的回應是：身邊的朋友都懂，只有網路上的小朋友不懂他的梗。但隨著時間越來越久，我們也會發現到一個政治個體／群體的立場究竟是立基於何處，或是不立基於任何一處——即便已聲稱自己的定位。例如白色力量最後發現是顆檳榔，黃色力量發現是把鐮刀，而同樣地，隱藏在所謂的「臺派」背後，但卻只對這個認同群體發出穢語，但對其他或許會喪失民意的政治個體／群體則要看看時機，這就是一種政治上的非誠信、表裡不一。我們必須要認知到的是政治人物雖然是在政治領域之中，但也無從豁免仍然是個道德主體，說謊這件事無論在哪一種倫理學立場都將被判定為非價的。即便「真的」是開玩笑——例如反串，也將在政治領域中埋下矛盾，因為它將摧毀誠信，尤其「反串」這個行為正是個見風轉舵的好工具，更尤其是這並不是真的在開玩笑。若政治人物所言所行在日後全都無法兌現，成為一紙無信用的要約，然後否認當初有這麼說過，又或者是宣稱是提出供作參考，甚至說這不過是反串大家都看不懂，那我們在政治領域中，還能相信什麼？今天提出的意見碰上了逆鱗只要說：「哈哈，我開玩笑的，你那麼認真幹嘛？」我們難道要以嬉皮笑臉的方式來面對政治這門嚴肅的事業、面對這攸關我們生死存亡的重大問題嗎？開玩笑比雙面手法的機會主義還要更危險的地方在於；後者至少必須在表面上安撫反對者說事情並不是這樣，至少歉態還必須假裝，但是反串或是玩笑性質卻可以使得政治人物名正言順地貶斥人民是愚鈍得不懂他的聰巧。就此，對錯的標準將被抹去，剩下的就只有權力者的恣意，所有人將會失去在政治社會中所具有的權能，因為未來再也無法預期。

最後，我們可以設想我們面臨一個假設問題——或說這已經是現實問題：一個政治人物如果說要讓臺灣被納入中國體制——被併吞——呢？換言之，這代表的是失去民主、失去自由、失去我們現在享有的一切，甚至愛人、親人、朋友會被失蹤、被性侵害、被自殺的可預見未來。政治還會被認作開玩笑沒關係的嗎？這還存在著歡樂嗎？本身就帶有著負擔，這就是自由的代價，然而去承擔這個代價也正是我們身為公民的義務，是我們在這個政治社會中作為公民應該（ought to）做的。我們該想清楚的是，我們要的是政治，還是娛樂。

在假想前述這個問題的情況下，你還會問說：「你那麼認真幹嘛」嗎？

民主與民粹

民主在我國的語境中已經成為一種不言自明的社會制度，我們享受著自由就像呼吸著空氣，我們以為乾淨的水與電、公正的選舉，還有集會、言論自由是生來就有的——確實對於很多人來說這些東西是生來就有的，但這些東西都是血與汗換來的，在三、四十年前解嚴之前，五、六十年前戒嚴之後，這些是許多人用生命也得不到的，是他們用生命換得了我們享受到的東西。

我們現在說的民主與古典時代的雅典民主是不同的，原先的人民概念（people, demos, populus）是代表著非菁英的平民，而非廣義的社會中的所有成員。十八世紀末的民主概念復活是語言的借屍還魂，古典式的民主是我們現今所理解的直接民主，每個人的意志都直接透過聚會表達，然而，這個制度中所帶有的限制是排除女人與奴隸在外，尤其當時的國家是城邦國家的型態，政治在公民的生活中也是日常，國家與社會也未有分離。

今日的民主則是間接民主，我們是選擇了另一個個體作為政治意志的集結，由他代表我們表達意志。而現代民主最重要的特徵則是：「人民主權」的這層意義，這是重要的。最初國家（state）概念的出現雖然是以個人主義式的社會契約作為理論基礎，但是霍布斯的說法卻是對於王權的鞏固，直到一個半世紀後盧梭的社會契約論以及隨之而來的法國大革命，才讓主權者從國家遞轉到個人的手上——雖然托克維爾（Alexis-Charles-Henri Clérel de Tocqueville，一八〇五—一八五九）在《舊制度與大革命》（*L'Ancien Régime et la Révolution*）中指出其實事件過後也不過是原先體制的復態，其後也迎來了拿破崙的君主制——在此，人民才成為最終的政治權威，是人民的意志凝結才能正當化統治者的統治，而且社會契約的一個特點正是在於基於「同意」（consent）而來的統治結構，是從道德義務轉化到政治義務，守諾從道德原則晉升到政治上的統治正當性來源。

民主在現代已經成為一個無可置疑的概念，就連威權政體也必須要為自己冠上民主之名；統治者要宣稱自己是人民的聲音，學者福山（Francis Fukuyama）甚至在上世紀末也大膽做出了歷史終結的預言。它吸引人的地方正是這個體制中的法治（rule of law），也就是說不同於納粹戰犯艾希曼（Otto Adolf Eichmann，一九〇六—一九六二）對希特勒的上命下從式依法而治（rule by law），真正的法治除了法律透過特定的機構生效之外，還必須合乎某些原則，例如基本權的保障、權力的分立，而這兩點正好是現代憲政國家的基礎。法治與非法治國家的重要區別在於其之「問責性」（accountability），人與人之間的社會交往肯定會發生有人的自由受到限制或是侵害，但是一個法治的——民主的國家與非法治的——非民主的國家之區別在於受害者能否獲得賠償，換言之，是否有權利（right）——所謂權利更是一種鑲嵌在系統之中的東西，主體必須對於系統有所呼求，而基於權利概念的內涵，系統也會對此呼求有所回應，而此系統的產生更有賴於參與者在其中的共識——的存在。

如前所述，民主並不是突然發生的，而是一個動態的過程，學者杭廷頓以浪潮（wave）來形容，總共分為三波，從美國與法國的革命開始一八二八年—一九二六年是第一波民主化，此時有三十三個民主國家，而在一九二二年—一九四二年是第一次的回潮，民主國家剩下十一個；第二波發生在一九四三年—一九六二年，此時民主國家上升到五十一個，但也再次地發生了回潮讓民主國家剩下二十九個，第三波民主化就是我們所處的時代，從一九七四年開始，有六十二個民主國家，杭亭頓在著作《第三波》（*The Third Wave: Democratization in the Late Twentieth Century*）時（九〇年代）預估會有三個民主國家在回潮中退化，但根據《經濟學人》（*Economist*）的〈民主索引二〇一九〉（*The Economist Democracy Index by country 2019*），民主國家反而增加到七十六個——從此我們可以發現到以浪潮來形容民主化的過程是十分貼切的，既進也退。

而杭廷頓分析了第三波民主化出現的因素有經濟提升（識字率、教育和都市化的普遍、中產階級擴大、民主態度成長）、天主教會領導反對威權、歐洲共同體及美國與蘇聯在八〇年代政策轉變為對民主的支持、某些國家（如阿根廷）民主化所產生的滾雪球效應；同時，他也分析了是什麼讓民主倒退產生回潮，例如對民主價值觀念薄弱、經濟危機加劇社會衝突使得威權式解決受到歡迎、改革過急使得社會極化、保守份子排除下階級成員、恐怖統治或叛亂導致的崩潰、非民主之外國干預、民主崩潰的滾雪球效應。除去外部因素可以得出最主要產生漲潮與退潮的影響是：經濟發展與政治領導。經濟發展對於民主化不是必然，但是卻具有高度關聯，而社會中成員對民主的態度以及領袖的行動是民主化與否的關鍵，杭亭頓說：「經濟發展使得民主成為可能；政治領導使得民主成為真實。」浪潮只是肇因（causes），民主的發生依賴於社會中成員——包括領袖與人民——作為肇端（causers）之行動，唯有此等實踐才可能創造民主。

相對的泰勒（Charles Taylor）所提出民主所需要的條件是：認知自己是集體能動性的一部分；集體作成主體的決定是透過制度與程序生效；對非毀滅性衝突的模式有共識；民主國家有權力與使命運用國家力量改變社會。第一個條件是容易理解的，因為這正是人民主權中作為主體的個人認知到自身屬於共同體的一個部分，這個集體人格稱作集體能動者（collective agency），也可以說是盧梭所提出的普遍意志（general will）；所謂的普遍意志並不是全體意志（will of all），換言之，全體的總和不等於整體，這個集體能動者是獨立於我們之外，我們作為人民的集結只是它存在的必要條件。

而要共同行動，具有「政治認同」（political identity）是不可或缺的，在每個不同的社群裡，「為了什麼、誰？」這個問題的回答會各異，那麼每個社群的政治認同也就會不同，進而區別出彼此。這會涉及的或許是政治的基本原則，例如民主與否、自由與否，也可能是歷史性的，例如何種族裔的後裔，使用何種語言或者說有某種宗教傳統。而在成立國家的過程中更為重要的是歷史認同的重新定義，創造出一個民族（nation，或說國族），這個歷史話語權的重要性在經典的反烏托邦小說《一九八四》（*Nineteen Eighty-Four*）中就有清楚的說明：「誰掌握了過去就掌握了未來。誰掌握現在就掌握了過去。」

除了國家歷史的重塑外，社會中衝突的協調方式也是重要的，因為我們所具有的自由進入社會後，就從原先的自然性質轉換成為政治性質，也就更名成為權利，在定義上也變得有所限縮，因為我們想要享有安全，就必須要放棄一定的自由，這是佛洛姆（Erich Fromm，一九〇〇—一九八〇）在《逃避自由》（*Escape from Freedom*）中所提出的悖論，而其中更深刻的分析正是在於「群眾是不願意自由的」——他們無法承擔自由所帶來的責任，所以他們需要一個領袖來為他們做出決定，賀弗爾在《狂熱份子》

（*The True Believer: Thoughts on the Nature of Mass Movements*）中也提出不同角度的類似理解，重要的是這些群眾所想要的自由只是「不做決定、不負責任」的自由，而不是「我想做什麼就做什麼」的自由。回過頭來到衝突的消解，民主社會作為一個政治社會，相較於自然狀態（state of nature）中「萬人對萬人的戰爭」、每日面臨著慘烈暴死的危險，我們能用一種「信任」（trust）的方式去調和彼此之間的利益衝撞，這也就是「妥協」（compromise），尤其是對於每個人作為個殊主體的認知，並對於多元價值的承認與包容，且理解到我們離開了野蠻的前政治狀態，所以我們能接受非暴力的衝突消解。所以杭廷頓也提出了：對於一個政治社會是否民主的判準在於「二次輪替考驗」（two-turnover test）：進入民主後的初次勝選團體在選舉失利後將權力和平轉移給勝選者，勝選者在次屆選舉又再一次和平轉移，若二次輪替都是和平且成功的，那麼這就是一個民主政權，因為這代表著統治階級願意忠誠於民主並和平地移轉權力，遵守著民主的規則，同時所有人也能認識到社會中的問題並不是體制本身，而是位居體制所分配的位置上的人，而解決方法則不是替換體制，而是更換人。

民主並不是全無問題的。民主化的過程可能隨之而來的自由讓人民顯得慌張無所適從，更尤其第三波民主化恰逢戰後的重建，有些國家因此將經濟成長趨緩歸咎於民主，並且懷念起過往的威權時代，有著不用做決定的自由，也有著埋頭苦幹就能得來的豐收。例如我國有對兩蔣時代的緬懷，但這不是我國的特產，西班牙對佛朗哥（Francisco Franco，一八九二—一九七五）、秘魯對維拉斯科（Juan Francisco Velasco Alvarado，一九一〇—一九七七）都有這樣的情形，杭亭頓稱這作「威權懷舊症」（authoritarian nostalgia）。然而要解決這個問題仍然仰賴社會中的人民對於民主體制的正確認識：民主本身不能為國家面臨的所有重大問題（社會、經濟）提出完美的解決方案，但它是一種在程序上可以把失靈的政府人員替換的制度；它所代表的不是問題即將被解決，而是（如果問題無法解決）我們可以更換解決問題者。

而民主會面臨到的困境，則是位處其背光面的另一種民主型態：民粹。

民粹的意義原先只是代表著遵從人民偏好行動的政治而已，但在現代則成為與民主相對的負面概念。所謂的民粹是一直隱然地存在於民主社會中的特質，它有三個特點：區別、泛道德化、真實人民。區別指的是做出我群（we group）／他者（others）的分類，例如平民與菁英（經濟、知識程度）、國民與移民（民族主義）、精神正常與異常（有無精神疾病），這個區分標準是任意而武斷的，可能是種族、膚色、經濟能力或教育程度甚至是性別；泛道德化則是將特定的群體定性為道德上負價，例如菁英是腐敗的（因為他們會利用在上層的權力掠取私利）、移民是壞的（因為他們會偷拐搶騙、姦淫擄掠，奪取我國國民的資源），換言之，政治上的問題被帶入道德領域，政治的專業性被擱置，透過呼召人的道德感情，使人得以被動員，道德直覺成為政治行動的動機；而真實人民則是民粹主義中的不可或缺修辭：民粹主義者的一個特徵正是會宣稱自己代表著真實人民（the real people），就像極權國家也必須要穿上民主的衣裝，人民意志是正當性來源已是當代不被置疑的前設時，代表人民的這種主張會產生一種伴稱的正當性。

關於民粹主義就像學者鮑彤（Nathan F. Batto）在 *Populism and Han Kuo-yu* 所說：「民粹主義是一種把政治競爭框架化為道德問題的路徑。民粹主義者頌揚那真實的人民，那些被視作道德純淨且同質的人民。並非所有合法公民都是真實人民的部分，且民粹主義者堅持他才是唯一定義『誰組成了真實人民』的人。既然真實人民是同質的，那麼就會有個清晰的人民意志。民粹主義者堅持他是唯一能辨識且代表人民意志的人。人民的道德純淨意志被腐敗菁英給阻礙，這些人並非真實人民的部分，且這些有時有寄生的下層同夥，這些下層者也同樣不是真實人民的部分。任何對於民粹主義者有關真實人民或大眾意志的正當性的挑戰都是在做出一個道德上的挑戰。道德挑戰幾乎總是被以道德形式回應，亦即透過將挑戰者貼上腐敗標籤的方式。」而且，民粹主義並不是目前政治譜系中能被劃分為或左或右的一種思想或是行動準則，它的特色是一種工具性的特質，它能黏附上現代政治中的任何一種主張：左翼、右翼、自由、獨裁、共產、私有、福利、放任。

而能催生出民粹主義的現象莫過於「平等」。平等在法國大革命之後至今兩百多年仍然定著在其「價值」的地位，它確實地是我們所追求的理想，一個平等的社會是我們的美好想像，但它是「價值」正是因為它與現實有距離，而且百餘年的行動仍未弭平這個溝壑，尤其經濟上的不平等讓政治上的平等也不再是現實，「人人一票、票票等值」是民主政治的口號，但是在金錢的經濟影響下，實際上政治問題都是握持在利益集團的手中，除了直接的政治獻金之外，握有媒體資源的企業也在間接地形塑著社會成員的世界觀與政治觀，讓這些人的選擇趨向於利益集團的欲求，使自由成為所有人自以為是的幻覺。而正是這樣的經濟不平等讓中下階層的人民產生對於上階層人民的敵意，同時群眾又需要、想要把決定的自由交付給一個能帶給他們安全感的人，所以當一個民粹主義者宣稱他掌握了普遍意志，並給予了群眾一個夢想，所有人就相信了。更糟糕的是這個情形還混雜著威權懷舊症。

而我國的二〇一八年出現的政治旋風就是這樣的典型，利用著威權懷舊症狀結合民粹主義的方式，讓上一個世代的人民回憶起不知自由為何、不知世界局勢，毋須作出任何決定、負擔任何責任的年代，只要埋著頭持續地「拼經濟」，隨著世界的重建，自身的生活境況也只會一直往上一直往上，生活也邁向安定。同時，因為戒嚴的趨緩也使得肅殺氣氛沒那麼凝重，但越是走向自由、走向解除戒嚴，聲音越來越嘈雜，價值越來越多元，經濟成長也必然地趨緩；面臨諸多選擇的結果是讓這些人無所適從，這股不安造就了二〇一八年橫空出世的政治趨勢，只要再以聲稱代表著樸實的庶民對抗腐敗的菁英，這種民粹模式就可以讓群體之間產生對立，撕裂本就不那麼緊密聚合的共同體，產生越來越多的社會排除，一次一次地把非我族類列為他者剔除於「自己人」之外，這同時也讓自身的群體越來越同質化，換言之，越來越有集體感而不用感受到做決定的重擔。

民粹只是一直幽幽地隱存在民主社會的暗影處，民主跟極權唯一的共同點都是有優有缺，各自所能享受到的與必須承擔的都不同，而學者鮑彤提出對於民粹主義的回答是：「對民粹主義最好的防禦並非僅僅擊敗它一次。反而，對抗民粹主義需要一個更新過的對多元主義的承諾，也就是堅持不同的人有不同價值與目標是完全正常且正當的，不同意你的人們並不必然是腐敗或不道德的。」我想這個回答是有兩個地方值得支持的：第一是這代表了我們對於每一個人身為主體的尊重，尤其是尊重其主體性之彰顯——思想；第二則是將政治與道德兩個不同範疇老老實實地分開，對於政治上的論辯與思考我們無需將其道德化，並將溝通的對象貶低為「惡」。身處民主社會，這是我們必須面臨的問題，但這絕對不是困境。

而且，民粹不但是種政治現象，同時也會出現在法律的刑罰場域，在我國最為明顯的正是刑法第一八五—三條酒駕罪以及死刑的問題。在一九七〇年以前風行的復歸理論——其實在我國的監獄行刑法第一條：「為達監獄行刑矯治處遇之目的，促使受刑人改悔向上，培養其適應社會生活之能力，特制定本法。」仍然承繼著這個思想的遺緒——因應著科學上的實證主義而生，摒棄了當時被認為過時的正義觀念：所有的犯人不再是因為他們做錯事而受罰，而是因為生病必須被治療，犯罪問題變成罪犯問題（crime problems become criminal problems），懲罰變成療程（punishment becomes therapy），刑罰不再是以道德為基礎的司法判斷，而是交由專家決定的治療方案，但其中的措施諸如不定期刑、強制治療等，有著把主體去人格化的傾向，同時風險社會中的不安全感催生出了刑罰民粹主義（Penal Populism，同為作者John Pratt著作名）。

在刑罰這個領域中，完整地突顯出民粹主義的特色，對於復歸理論，來自左翼的批評是這些措施冠有人道的名銜，但實際上卻是國家的權力被遮掩在修辭之下的不人道；右翼則是批評這些措施耗費龐大稅金並且沒有效果。但其實這些都是表面性的，因為刑罰的民粹主義傾向的出現並不是為了對應犯罪問題，而是去回應社會變遷所造成的分散，去重新凝聚共同體——當然地，只包括「真實人民」。

其實有趣的一點是復歸理論的提倡者Franz von Liszt在〈馬堡綱領〉（*Marburger Programm*）提出的內容：「特別預防可以由以下三個方式進行：一、透過對犯罪行為人之『監禁』保護一般社會大眾。二、透過刑罰之『威嚇』使犯罪行為人不敢繼續犯罪。

三、透過對犯罪行為人之『矯治』使其不會再犯。」他認為應將受刑人區分為三種型態，而施加以上三種不同之處遇方式：「一、對於威嚇無效亦無矯治可能性之習慣犯，施以監禁使其無法再犯罪。二、對於單純的機會犯施以威嚇。三、對於有矯治可能之犯罪行為人施以矯治。」雖然立意良善且公正地就不同類型的罪犯予以不同處理，但這裡就已經創造出區分，將無從共存於社會中的個體排除於公民社會之外。其實現今對於具有嚴重精神障礙者的殺人案件，民眾的輿論呼喊著將其執行死刑——甚至從殺人、強盜、強制性交到酒駕都能聽見龐雜的死刑呼聲——這些想法的特質——區別與排除——其實也能在原先的〈馬堡綱領〉中看到，這多少有些荒謬。甚至就連無期徒刑不得假釋也與死刑在「排除」這個特質上是相同的，差別只在對於對象所剝奪的是生命還是自由而已。而在政治現實下，執政者在需要正當性時——除了人民主權的意志託付之外，績效也是正當性的來源，中國即為依賴績效獲取正當性的國家之一——將這些輿論吶喊著應該要逐出社會的「異類」排除，這樣做同時能獲致兩種正當性：一是順應「直接民意」，二是達成績效——這甚至是比其他長遠社會福利規劃更為容易的決策，因為只要簽署死刑令，這個「政績」就能立竿見影。

死刑是應該在制度上存在的，以確保法律的最終價值證成仍然是正義與公平（Justice and fair），這與實際上是否執行無所關聯，重要的是在規範上用什麼當作行為的責任，就像黑格爾（Georg Wilhelm Friedrich Hegel，一七七〇—一八三一）對於死刑的證成，其中一個理由正是在於「因為我們尊重他是一個主體」，換言之，一個主體基於自由意志所做出的決定，我們應使他負起應負之責任，這才是對待一個主體的方式。但這與驅逐「他者」於共同體之外是全然不同的，將他者驅逐是基於完全相反的、將對象去主體化的方式為之，就這點而言，我們在否認對方主體性的同時也將否認自己的主體性。我們理應尊重每一個主體，這是我們身為主體的條件，而當我們無法遵循，我們也不再是一個主體；社會間的連帶（solidarity）因此將更加地緊密也更加地鬆散，一方面是民粹群眾因共同的敵人而更結合，另一方面則是那些他者與民粹群眾之間更遙遠。遑論這些群眾大多數將會被聲稱掌握普遍意志的人所牽引——然而民粹主義者所聲稱掌握的普遍意志只不過是一個沒有實體、只有影像的全影投射（hologram）。

如前所述，既然民粹是民主社會中避無可避的問題，除了尊重多元與每個人的主體性，並且不把各種政治議題泛道德化之外，或許最重要的——甚至面對政治社會的所有問題都是如此——是去認知到我們的公民身分（citizen），進而去趨近於一個公民的想像：能溝通且具有理性。認識到這個義務並且去遵行，或許才是最重要，也是最困難的事情。

選人不選黨？臺灣的假中立現象

在臺灣的政治環境中不難聽見有人會說：「我選人不選黨。」在現今的民主國家中政黨是政治的重要元素，那為什麼人民還要強調他選人不選黨？在臺灣的公民社會中的所有問題，能去解析的路徑除了政治歷史之外，還是政治歷史。退回三十年前來說，那時候確實可以選人不選黨，因為那時候沒有政黨政治，那時候只有黨內黨外，只有一個黨，那個黨同時是政黨、政府，也是國家，在那時若要說選人不選黨，反而是相對地符合現實的。但現今已經解嚴三、四十年，許多新興政黨也開始萌生，那麼這句話在今日的意義是什麼？

過往的黨禁、報禁、言論禁，在極權國家底下的樣貌就是沒有自由，沒有自由也就沒有責任，統御者成為人民安全感寄託之所在，「自由」是這個交易的代價。思想自由的實踐最重要的就是言論自由的保障，正因如此言論自由才會是民主國家最為重要的基本權。就舉律師為例，那時的錄取率是極端地低，若以數字來評估的話，大約是幾千人應考卻只有個位數的通過率，諷刺的是這跟儒教文化中的科舉及第還有幾分相似。不過更荒謬的事情是司法官的錄取率反而比律師還要高，但這個現象，在司法審判不獨立的當時情境裡，其實是無可厚非的——司法官充其量不過是個公務行政人員，甚至連判決下了都必須通過院長的核可才能成為判決，那麼這跟行政上的簽文並沒有太大的差異。對比過往的錄取情況，今日律師每年錄取上百位，司法官則是百人以內，我們才發現正常與異常的分野何在。（不過有趣的是醫師這個職業的錄取率並沒有因為政治因素被打壓，畢竟醫師的職業內容是無涉政治的。）再看看殷海光，即便是外省人，身為自由主義者卻身處不自由的社會，撰文發言也落得最終軟禁；辦報的雷震也因拂了逆鱗而遭十年徒刑；柏楊撰文發言批判醜陋的中國人而到了綠島進修；又或是本省的鄭南榕因為出版許世楷的《臺灣共和國憲法草案》遭叛亂罪開拘……，從這種歷史中我們可以發現只要是牽涉到「人文」的個體就會遭離不測，因為這些人會喚醒人民對自身權利的覺知，進一步就會在權利意識之上感知到限制自身的權力——來自於國家的主權宰制——政治語境中最高且絕對的權力。自由的概念除了消極地不受干預以及積極地實踐公民權的這兩種面相之外，當代也梳理出了第三種形式的自由——不受宰制的自由：主人寬待奴隸讓其為所欲為，但是主僕關係中的支配狀態本身就是不自由的來源。

在這樣長期的壓抑下，臺灣人形成了不碰政治也不接觸人文的習性，再加上那時的經濟與生活，無論是援助中央抗共的資源剝削或是後來的經濟建設，賺錢成了唯一重要的事，恰逢戰後的重建，使得那時輕易的金錢就能淹腳目，所以埋頭苦幹實幹成為了唯一顯學（尤其這也是安全賺錢的方式），從而催生出了重理工輕人文的概念。安靜地在公司工廠成為一個螺絲釘螺帽，努力就會有回報，不要去牴怒政府，人家沒礙到你就沒有關係，在人群中不要出頭等等等等，這些都已經成為「老祖宗的智慧」。

而所謂的理工，是以最為風行的「科學」為基礎，那時的思想是以相對主義為流行，對於真理的懷疑在相對性之下就產生了「什麼都是，那就什麼都不是」的虛無結果，偏偏這種相對主義又被誤解性地融合了民主社會的多元與包容，讓這種虛無主義更加地猖狂。而科學似乎就成了通向真理的唯一路徑，代表客觀與理性甚至彼此相生相應，就像透過顯微鏡觀察生物，以工具進行實驗將在不同的人、時、地都達致相同的結果，這就是客觀且理性的真理。似乎是這樣，但至多也只能說是近似，畢竟在哲學中，即便是科學，最根本的前提從來沒有被論證成立，從來都只是假設而已。在科學的情況中，我們是假設了經驗是可靠的知識來源，進而推論出所有的結果，但實際上最根本的基礎問題卻從來都被懸置。當然這有不同的解釋方式，例如桑斯坦提出的「最小主義」

把根本問題懸而未決，但我認為德沃金（Ronald Myles Dworkin，一九三一—二〇一三）所說的知識之網——諸多未被證成的前提織成我們整個知識體系——才是我們認知世界的基礎。然而這裡的問題是，這種「科學式」的思維卻被帶到無法被適用的「政治」之中，以為選人不選黨就是客觀且中立的、就是科學的、正確的。

但這不荒誕嗎？選人如何不選黨？這個人為什麼在這個黨？是他需要黨的資源？是他被矇騙？是他要矇騙？還是他像索忍尼辛說的活在謊言下？這幾近於去脈絡化（decontextualized）的認知似乎認為一個主體可以剝離其所在處境的所有條件，逕自拿起羅爾斯（John Rawls，一九二一—二〇〇二）的無知之幕（veil of ignorance）遮住他想遮住的，而不想遮住的仍然作為影響選擇的理由。但這樣刻意假裝為純然淨白無面孔的個體卻與實際有所落差，他們所拿到的是另一個無知之幕，是變成「無知」的布幕。無知之幕與原初狀態（original position）是理論上的工具，現實中我們從來無法去除掉一個個體的任何特徵，這可能包括性別、教育程度、種族、經濟程度等等而不限於此，這是我們認識一個個體的憑據，而我們也從來無法撇除這些條件來認識任何的對象。

社會的多元是來自個體的多元，當我們要求社會要包容多元，我們也必須在一致性的要求下包容個體本身的多元。選人不選黨不過就是謊騙自己住在中壢姓李，讓自己以為做了科學、理性、客觀的正確選擇，但在政治生活中我們從來就無法脫離各種社會條件，我們要認識任何事物都必須要走進那條脈絡之中。認知到一件事物的存在是認識那件事物的起點，而要認知到那件事物很簡單，承認他的存在就是了。承認個體的社會脈絡，承認我們無法客觀，承認選人就是在選黨，承認政治就是必須做出選擇——友敵的選擇。這將是我們認識政治的起點，也是我們履行公民義務的開始。

自由時代二一七二

鄭南榕，他不是外省人（雖然父親是外省人），他也不是本省人（雖然他母親來自這個島嶼），他說，他是新臺灣人。我說，他是具有臺灣族群認同的人都應該認識的一個人物，一個人格者——鄭南榕已經不只是鄭南榕本身，無論是文字或是肖像都已經成為我們所處的文化中的符號，象徵著他的生命與死亡所展現出的兩個獨立價值：臺灣獨立與百分百言論自由。

《自由時代》是鄭南榕所創辦的雜誌社，在不自由的時代創辦《自由時代》可見其以爭取百分百言論自由的決心，一九八七年七月十五日是法制上的解嚴，然而戒嚴與解嚴並不是一個界限的跨度，而是一個歷程，至今的臺灣仍然在途。

一九八九年四月七日發生的鄭南榕自焚事件，是我們對於他的記憶點，但我們經常只知其果卻不知其因，甚至因為過程的不明還另其中有被做文章的空間。實際是，在一九八八年雜誌社刊登〈臺灣共和國新憲法草案〉的緣故，隔年的一月下旬由高等法院檢察署發出鄭南榕涉嫌叛亂罪的傳票——也就是刑法一〇〇條——在這個時代被冠上叛亂是同時具有兩個相異的特質的，第一是如同家常便飯，第二是面臨嚴重達到死刑的後果，而這種懸殊的組合只可能發生在威權政體之中。

解嚴並非一蹴可幾，即便在一九八七年解嚴了，刑法第一〇〇條對於言論自由的限制，也是經過持續推進的社會運動後，才在一九九二年五月十五日使得條文規定從：「意圖破壞國體、竊據國土，或以非法之方法變更國憲、顛覆政府，而著手實行者，處七年以上有期徒刑；首謀者處無期徒刑。」變更至：「意圖破壞國體，竊據國土，或以非法之方法變更國憲，顛覆政府，而以強暴或脅迫著手實行者，處七年以上有期徒刑；首謀者，處無期徒刑。」可以明顯看見的差別在於原先條文規定的「著手實行」並非符合憲政法治國家中「明確性原則」的概念，也就是說根本無從知悉黨國所禁止的行為為何——這就符合原先威權政體的統治目的，也就是具有彈性的活用空間，得以對於異議份子實行恣意的抓捕，以維持政權中秩序的穩定，換句話說這是披著法律之名的肅清性政治工具。

回到歷史，在那年的四月五日雜誌社已經接獲線報在隔天將會有拘捕行動，而鄭南榕在先前已宣示其決心：「國民黨抓不到我的人，只能抓到我的屍體。」但是四月六日當天卻沒有任何來自警方的行動，直到四月七日才發生由現任新北市長侯友宜帶隊的攻堅。攻堅行動的過程，根據當時在現場的十二人包括鄭肇基（執行副總編輯）、林乾義（副總編輯）、廖國禎（編輯）、林慧如（編輯）、邱美緣（總務）、鄭竹梅（鄭南榕之女）等人所述的情形是：鄭南榕說：「你們全部先離開。」而這無疑是因為他要貫徹決心，為免波及他人又不使他人慮及自己而耽誤行動而發之語。

然而就事發當日的情形也有不同的說法，內容約略是鄭南榕在自焚時欲使所有人同歸於盡，並且投擲汽油彈造成執法人員的輕重傷，而這消息的來源分別有二：一為時任中山分局民權二派出所所長，二〇一五年擔任中正一分局支局長張奇文的陳述；第二是其中一個證人鄭坤漢的說詞。就前者之局長張奇文而言，他在解嚴將近三十年的二〇一五年黑箱課綱事件中，因限制記者之人身自由而強烈的侵害了新聞自由，但事後竟然獲得升官的獎勵，從這對基本權漠視的態度可以觀察到：即便是自由的今日仍然可以對於憲法基本權予以忽略，那麼我們或可反思在當時是否具有更小的阻力不去侵害人民的基本權，甚至對於他指控鄭南榕的說詞我們也必須有更高的懷疑，以符其言論應有之價值。而後者的證詞，據《自由時代》第二七二期〈只要說個謊話馬上放你回去〉所載：「這名刑警用恐嚇的語氣『問』道：『當時鄭南榕衝到門口，向門外投擲汽油彈叫你不要阻擋，企圖跟同事同歸於盡，所以你的臀部才著火，對不對？趕快承認！』鄭坤漢表示他只有小學三年級程度，不認識字，這名刑警說：『沒有關係，等一下寫好以後會唸給你聽。剛剛你說有看到鄭南榕手上一個像汽水瓶的東西往門外丟，一丟就引起大火，對不對？』鄭坤漢說：『沒有！沒有！我才沒有這樣講！』但那名刑警卻不理他，只顧振筆直書，根本是誘導兼『自問自答』，寫好筆錄以後，強拉鄭坤漢的手蓋手印，就這樣取得鄭南榕『對警察投汽油彈』的『證據』。」屈打成招、任意製造筆錄等各種違背正當法律程序的證據取得，是今日司法回頭審視過往的冤案發生的重要成因。從這裡我們可以發現這是當時普遍的「取證程序」，所以對於這等證詞的採納與否，端看我們是持用什麼態度來看待「法治」這件事情。然而這份證言，就成為媒體用來報導鄭南榕投擲汽油彈的重要依據，即便那從來都不是一個「證詞」（testimony）。

八〇年代的林家血案已經說明了在警特包圍監視下的住宅也能發生謀殺案，而真相也將在我們有生之年解密，那麼一九八九年四月七日的攻堅時發生的不明火勢，撇除前先具有偏見的證據而論，是否可能如同二〇一九年香港反送中事件裡港警假扮抗議民眾投擲汽油彈一般造火？不過無論如何，這裡也只是提出一種可能性，從現有資料來看，在場的者畢竟是各執一詞，那麼每位閱聽人都是判斷者，故而於此應無需提出結論來指引，較為適合者或為提出判斷證據的憑信性得以考量的因素：與其他證據（包括物證、證言）的契合度、言說者的品行（例如是否有說謊的習性）、言說者的角色所帶來的限制（例如身處特定職位與其社會角色所具備阻力最小的路）、言說內容與人事物前先行為的一致性（例如若有人說一位慈祥的老奶奶拿機槍屠殺幼稚園，這樣的言論可信性即與該對象有不一致性而較難被採信）等等。

題名〈自由時代二七二〉是對於這份雜誌該期的感謝，該社所努力的目標——百分百言論自由，在約翰・彌爾（John Stuart Mill，一八〇六—一八七三）的《論自由》（*On Liberty*）中的言論自由可以知道，縱然沒有反對者，對於思想也要創造出一位魔鬼辯護人，蓋此始可讓我們透過溝通與思辨的過程，對真理更加地趨近，而《自由時代》則提供了我們在走向真相之路時的另一種聲音。關於說法爭端，不給予結論不僅是不需，同時也是不能：這就如同司法上的審判，結論與真實並不相等，但從來我們都不應停滯於現下抱持著悲觀主義的態度認為：「既然如此那麼就無所為吧。」對於真實的追求，永遠都會是指引我們生命無止盡行動的理想，同時，言論自由對於真實的追求而言更是不可或缺的條件，《自由時代》第二七二期於其所標榜追求的價值中，將不意外地成為我們接近真實的重要助力。

P.S. 感謝鄭南榕基金會專員提供予本文之資訊來源。

政治正確

所謂政治正確（PC，politically correctness）指涉的是價值選擇符合當今政治社會中的主流的意思，例如說支持同性婚姻、多元性別等等，這些都是政治正確的。正因為這是正確的，故而當然沒有錯，不然就會是一種矛盾；同時，政治正確也沒有過度正確的程度問題，因為這是一個二元的界域，只有對或錯，而這兩極之間並沒有距離。本文於此要闡明是，只要政治正確，萬事就都正確了嗎？

如果說誠實是一種美德，而我們對所有人都很誠實，那我們確實就是有德行的人。又，我們必須先承認我們對於胖瘦、富貧、美醜、完殘在社會中有一定的共識，也就是對於這些相對概念分別所指涉的形象我們都有很清楚模樣。那麼如果一個誠實的人，對著一個胖人說：「你很胖」，對著一個窮人說：「你很窮」，對著一個醜人說：「你很醜」，對著一個殘障說：「你是殘障」，那麼他這樣的行為是對的嗎？如同前述，誠實固然是種德行，所以在誠實這件事情上這個人確實是對的，但是另一個方面來說，這些言論縱然是事實，但也無可避免地會侵犯到另一個人的人格，因為誠實所導生的就是對於真實的揭露，但是並不是任何時刻真實的揭露都是無害的，因為真實可能帶刺。

而若這誠實的人說：「因為我是想成為一個具有德行的人，所以我誠實，那麼我這樣不對嗎？」沒有不對，但我們可以說這樣的人就是道德流氓。既然我們處在一個社會之中，我們無法豁免的是與他人的互動，而在互動中各種權利就像一個圓一般會被擠壓而有所限縮，我們四肢無法完全伸展正是因為我們完全伸展會限制到他人的空間，造成他的自由比我的自由更少，然而我們都是平等的主體的情形下，並沒有道德上的理由容忍這樣的事情。道德流氓就如同政治問題一般，若完全依照這個德行所塑的樣子去實踐，那麼無疑地會對他人的自由造成傷害，而這無法以遵循道德為名來豁免責任。這樣說並不是要準備通往相對主義這種似是而非的結論，只不過當我們認為——或甚至確實我們做對的事情時，我們必須要看到背光面，而不能是雙重標準（只因是對的就取有利於己的事跡來佐證，但對於不利的事情就睜眼閉眼）。我們必須要釐清的問題是：我們究竟是要爭奪輸贏，又或者是在追求真理？

就像同志遊行中，有些男同志僅使用襪子將陰莖包覆參與遊行，而這個遊行的主題既然是同志婚姻，也就是說同志平權的運動，那麼這樣的表現方式與運動的主題有何關聯？縱然這個運動與性解放有所牽連，或說縱然性解放是主題的一部分，但是這樣的行為是性解放嗎？性的性質既然是隱蔽的，就像我們不會公然在大街上進行性行為一般，那麼這樣的行為也很難稱作是性解放，只是種暴露慾的釋放而已。而我們更要區別的是陰莖包覆也不等同於陰莖的揭露，同時，陰莖也不同於女性的乳頭——會進行這部分的討論係因在女性主義的運動中，其中一項訴求正是解放乳頭（free the nipple），而運動的宗旨正是在對抗父權社會中對於女性乳頭與色情關聯的社會連結：無論男性女性都有乳頭，為何只有女性的乳頭與色情有所關聯？這不啻是種社會建構，而這正是這些行動者所要破除的「不當連結」，所以這些女人站出來，袒胸露乳，勇敢地把自身的乳頭與色情的關聯切斷。

然而包覆與展示的不同，就像俗話通稱的：「若隱若現」，在胴體的展露中性慾被滿足的同時也滿足了窺視慾，所以遮隱總是要比直接赤裸還要「性感」得多，因為在我們感官之外，我們透過具有無限可能的想像去構造出我們看不見的那個部分，所以不展露甚至是比展露要更為色情的。

再者，陰莖與乳頭的不同正在於前者是性器官但後者卻不是，而不是性器官的（女性）乳頭卻被建構成是與性——色情有所關聯，而陰莖或是女性的外陰部等性器官是因其生理性質與「性」有所關聯所以才被遮蔽，換言之，同樣這些都可以說是社會建構，但是女性乳頭是立基於「性別」的社會建構，在公平的要求下這就是不當的連結、應該要被破除；相對的，性器官則是基於「文明」的社會建構，那麼有關性器官的遮蔽或裸露問題就不是性別歧視的問題了（因為這是文明的問題），也不該被拉入性別歧視的範疇中予以模糊焦點才是。

然而在現實中，經常因為一件事的政治正確性質就無限上綱地為所欲為，但這卻不是正當的衡量判准。縱使我們要說事物是被社會建構而出，也必須要分清楚建構的基礎所為何來，我們不該再落入後現代的窠臼，去搗毀所有的建制，因為並非所有建制都沒有價值，而當我們破壞一切，讓我們生活的世界、道德秩序只剩下虛無與空洞，那我們還有什麼呢？

權利與權力

權利與權力時常造成混淆，雖然在本質上是決絕地對立，但因為中文翻譯的緣故陰錯陽差導致了這種誤解。權利的概念是來自於 right，相對的，權力的概念卻是來自於 power，此二者在政治社會之中是處於零和的消長關係，彼此間是永恆的拮抗。

權利在中文經常因為其中的「利」字而被認為與利益有所關聯，但它原本所對應的概念「right」內在地就具有正當性的特質，而從其中一種語用——法律上的權利來說，我們是請求司法系統強制實現我們的權利，因此權利總是會有個相對的概念「義務」存在，而在道德權利的面向上我們則會以道德原則作為我們訴諸實踐的對象，因此，我們可以把權利理解為：「權利是一種鑲嵌在系統之中的事物，主體對於系統有所呼求時，基於概念內涵之故，系統也會對此呼求有所回應，而此系統的存在有賴於參與者在其中的共識。」

相對的，權力（power）就不是那麼一回事，權力可以是無涉於系統的，可析分為二種類型：一種是power to，近似於能力的概念；另一種是power over，則是關係性的概念，也就是必定有支配與被支配的對象。而「支配」（dominance）正是權力概念的核心，無論是有能力（ability）去從事特定的支配行為，或是在社會關係中去支配另一對象的行為，都無法脫離必然存在於於權力概念的支配與被支配的地位設定。因此，我們可以把權力的概念理解為如下：「權力所指的是一種支配，而支配可以被實踐於其他對象，又或者是作為潛力存於主體之中。」

從上述做出的簡略區分，至少可以做出音同未必義同的結論，換句話說，權利即便再如何廣義來進行理解也永遠不會是權力的一環，因為權力的施展正是權利的縮減，再一次地，其二者間處於永恆的拮抗關係。就拿司法系統來說，當我們行使權利呼求系統時，系統未必要有所回應地允諾、貫徹我們的訴求，而即便系統進行了回應去滿足我們的訴求，也是司法系統以其自身的名義，為了請求者權利的實踐，施展權力於其他對象之上。

契約中的信任

現在的社會對於精神疾病的接納度似乎跟距離成為反比，如果是自己身邊的人患上精神疾病，大家會政治正確地說：「沒關係」、「我在傾聽你」、「我在陪伴你」，對於這些異常者有著異常寬容的同理心；精神疾病就像感冒只是小問題，吃點藥沒那麼嚴重的；但若是這樣的人出現在新聞上——當然經常伴隨著社會案件——大部分人就會血液衝腦地喊：「死刑啦」、「怎麼不去死一死」、「垃圾」。雖然若真的去比較社會案件涉案人中「有精神疾病」與「沒有精神疾病」的數量，後者肯定遠多於前者，但卻沒有人反思為何這個標籤被特別突顯。回過頭來，這裡想探討的是這種因著距離產生的矛盾情結從何而來？

或許實情是：對於身邊的異常者的反應只是一種偽善，將自己偽裝成被認為應該成為的人：包容、政治正確，所以違心地說出那些溫暖的話語，實際上語言的核心卻沒有任何溫度。然而，當沒有人看得見自己，同時，我們也看不見另一個他人時，卻就毫不猶豫地喊叫：「殺」、「殺」、「殺」。但殺一個人並不是容易的事情，曾有一篇論文訪談執行死刑的法警就有對這個部分著墨[1]。但如果問題變成是要去汰除一個「物」呢？

如果這個「物」是社會多餘的，例如渣宰跟殘屑，那麼對其進行淘汰不僅不困難，甚至執行者還會自詡為在做善事。這就是吶喊者所做的：「非人化」了社會中的一個主體。所謂的生命權，作為權利，就必然依附於一個主體之上，而這個主體只因為具有人的身分就符合了權利依附的條件。但是，只有一個完整的人——擁有完全自由意志——我們才能夠予其道德責任，我們必須要適當地認知到當我們對小孩的所作所為能有所寬宥時，背後的原因正係在於這個個體尚未完整：他不具有完整的自由。但相同的情況——非孩童但不具有完整自由者——僅因其出於不同的原因卻同樣不完整的意識而無法受到應有的對待；異常者也不完整、不具有完滿的自由，但卻被要求擔負著完整自由才有資格擔負的完全責任。這公平嗎？

這種對於異常者的拒絕理解現象也延伸進了司法程序之中。在刑事訴訟的程序原則上，要求必須要有「超越合理懷疑」（beyond reasonable doubt）心證門檻，才能斷定一

[1] 謝婷娟，《法警執行槍決經驗之告白——以敘說分析為取向》，南華大學，二〇〇四。

個人的罪，進而對其實施刑罰。所謂的超越合理懷疑所指的是：只有在任何具有合理性的可疑之處都被釐清與排除之後，我們才能就本案被告進行有罪的決定，縱使實務上的踐行有所落差，但這終究是規範上的要求。那麼，提出精神疾病抗辯也是在釐清有無合理懷疑存在的合理主張，更是作為主體的被告在憲法上所享有的程序性答辯權利，遑論司法程序也保障著刑事案件被告有著「不自證己罪特權」。換句話說，確認精神障礙的不存在，正是在確認一個個體是否具有完備自由的過程，也是決定是否該人應當對其所為擔負起責任的經過。但在民粹式的呼聲之中，似乎就連司法也是我們要省略的程序，只要逕自投票表決賜死與否即可，不再需要憲法保障任何基本權利或法律原則。或者說，民粹主義者對於異常者已經將其貶斥為非主體，而作為「物」，當然地就不享有任何「人」所享有的權利。

我們所處的社會中的連帶感似乎越來越薄弱，這或許是在分配不正義、世代不正義、階級不正義以及國族不正義下的產物，在各種衝突與矛盾的成長之外，境外勢力的挑釁，也讓社會的對立漸形加強。令我們即便同處在一個政治社會之中，也忘記去思考為何我們共同生活在這個政治社會之中，而非生活於自然狀態：

「在人生活在沒有公共權力以保持他們的敬畏的時期內，他們處在戰爭狀態中，一個所有人對抗所有人的戰爭，結果就是所有人對於所有人都是敵人。在這種條件下，無法發展工業，因為成果並不確定，也因此無農耕，無航行也無對於可能從海洋進口的日用品的使用，沒有寬敞建築，沒有交通工具，沒有對於大地的知識，沒有時間觀念，沒有藝術，沒有文字，沒有社會，最糟的是無間斷的恐懼以及暴死的危險。於是，人的生命，孤獨、窮困、骯髒、野蠻且短暫。」[2]

我們身為人都是向死的存在，我們生活在一起是一個既然的現實，然而這也是我們的選擇；我們選擇了一起面臨死亡，選擇了一起生存，其實我們也選擇了信任彼此，這份信任正是聯繫起社會中的所有人對抗自然狀態野蠻的原初因素；也正是信任，是社會越趨分裂時必須重新被尋回的東西，我們必須去弭平不正當的差異，必須讓公平被更確切地實踐，至少這可以讓對立不再那麼劇烈，也可以讓暴戾不再那麼猖獗，至少，我們能多相信這個社會中的他人一點，讓他人不是他者，而能融入我們每個人世界中成為「我們」。

---

2 T. Hobbes, Leviathan, pp.185-186 (1985)

《一一》——讓人完整的嘗試

是第一次看楊德昌的電影，過了一週，想著要不要寫，還是想寫。還沒看過《恐怖份子》，也沒看過《牯嶺街少年殺人事件》，是朋友大推、剛好 Netflix 上映，就拿作晚餐宵夜的伴點了。A one and a two，光是名稱就饒有趣味了，明明是一跟一，英文卻像是謎語答案般地解明為一個一與一個二，而二又正好是兩個一組成的，這也符合所有人對於完整的想像，兩個人如果各是一，一加一等於二才是完整的。

電影中可以看到我們日常熟悉的各種人事物，例如以賺錢為目的的價值觀；情緒勒索孩子向躺著的外婆說說話；小學很機車的糾察隊；襯衫總是不合身的男人；家中充斥著木質家具，價格或許高昂但整體卻不協調；比起彈琴彈得好，考上北一女更重要；不認錯的訓導主任；嘲笑與言語霸凌孩子的訓導主任；又或者是隔壁鄰居吵架霹哩趴啦隔天在電梯門口遇到還是要假裝船過水無痕……，這種種的情景實在再熟悉不過，因為這就是我們成長的地方與時代。《一一》確實讓我邊看邊覺得怎麼有一部電影可以拍攝那麼多細節，卻一點也不覺得瑣碎與乏味，後來我想唯一的解答可能只是，因為那好像是我經歷過的事情，所以總覺得是在看回憶一般重溫過往的成長。

但在這過程中，也因為電影忠實地反映臺灣的社會，所以也能讓觀看者有很多省思之處。例如敏敏（洋洋母親）情緒勒索著每個人對植物人的婆婆說每天發生的事，來跟婆婆講講話，但她卻在每天的實踐中發現自己每天講的都一模一樣，早中晚幾分鐘就講完了，於是她說：「怎麼只有這麼少。我覺得我好像白活了。我每天像個傻子一樣，我每天在幹什麼啊？」是啊，這就是許多人的生活啊，看似悲慘，但許多人甚至還沒意識到這件事啊，不無諷刺的是敏敏是因為跟一個不再能回應的人「對話」才能意識到這點。是工作所帶來的異化（alienation）嗎？因為每天每天的工作讓勞動者與勞動本身脫離，漸漸地自身走向工具於是失去了人的特質？還是——如同大多數人一般——不曉得人生要追求什麼，只知道賺錢賺錢賺錢，賺錢就是成功，但庸庸碌碌不知所求為何，驚醒之後才發現面容早已蒼老？而發現自己人生似乎毫無意義時，敏敏選擇的是搭上佛車前往深山修行，獨身前往蔽隱處追尋意義，留下家人在俗世。荒謬的是這「破紅塵」的佛徒不過是斂財光頭眾而已，而這在臺灣也不怎麼罕見。

其中最讓我注意的當然是小主角洋洋了，先看看他在片尾的臺詞吧，他在婆婆的靈堂時趨前向婆婆說了這段話：「婆婆，對不起，不是我不喜歡跟你講話，只是我覺得我能跟你講的你一定老早就知道了。不然，你就不會每次都叫我『聽話』。就像他們都說你走了，你也沒有告訴我你去了哪裡，所以，我覺得，那一定是我們都知道的地方。婆婆，我不知道的事情太多了，所以，你知道我以後想做什麼嗎？我要去告訴別人他們不知道的事情，給別人看他們看不到的東西。我想，這樣一定天天都很好玩。說不定，有一天，我會發現你到底去了哪裡。到時候，我可不可以跟大家講，找大家一起過來看你呢？婆婆，我好想你，尤其是我看到那個還沒有名字的小表弟，就會想起，你常跟我說：你老了。我很想跟他說，我覺得，我也老了。……」前面可以看出我們所有人類的特性，我們試著去合理化世界，就像古人會創造各式各樣的自然神，例如火神、雷神、水神、河神、雨神等等虛構人物來解釋我們無法解釋的雷電、火焰、水患等等；我們不知所為何來，而未知總是最大的恐懼，我們需要為了「結果」去找「原因」，所以找了一個跟我們相似的、有意識得以決斷的主體建構來作為原因的歸朔者。完美，所以倚老賣老的「囡仔郎有耳無嘴」的聽話，也能被詮釋成是無所不知的婆婆了。但相較於此，小小的洋洋卻是比已死的婆婆更加具有智慧的，因為他就是蘇格拉底所受德爾菲神廟：「知己無知」的完顯，他已經知道自身的無知，這讓他擁有比世界上其他許多人更多的知識，因為這是很多人都欠缺的。而且，洋洋還具有博愛廣及的德性，想要把知識予以拓展給所有人，予各人得以完善自身，能不說這是高尚的德行嗎？

這個線索從電影海報就能看得出來：電影海報是洋洋的背面，而電影中在ＮＪ（吳念真）的車上，洋洋對爸爸說：「你看到的我看不到，我看到的你也看不到。我怎麼知道你在看什麼呢？我們是不是只能知道一半的事情呢？我只能看到前面，不能看到後面，這樣，不是就有一半的事情看不到了嗎？」並且洋洋也用相機拍了舅舅的後腦勺拿給他看說：「你自己看不到，所以我拍給你看。」甚至訓導主任所嘲諷的洋洋的行為就是他拍好多人的後腦勺，這代表的是什麼？每個人都只能看到前面，每個人都看不到自己的後面，所以我們只能看到一半，而別人看到的我看不到，我看到的別人也看不到，就算我們再靠近，還是好像隔了一層什麼，好像終究我們還是分離的，終究在個人主義下我們會走向孤單的。而這現實是我們將永遠的匱缺——我們會總是遺漏另一半——但洋洋的所作所為正是他試著讓不完整的所有人——無法真正接觸到彼此的所有人——去完整、去補足那缺乏的另一半；去告訴所有人：你不孤單，我願意試著讓你完整。或許終究我們無法看到別人所見，同樣地別人也無法看見我所看見的；在這各自主體的前設中我們可能永遠無法真正的接觸，但至少在洋洋的嘗試之中我們知道：在我們所生活的社會中有人是那麼純真地試著讓不完整的我們去完整，雖然是孤單的，但所有這樣的人同樣地、共同地，在這個社會中讓彼此完整的孤單。

那，或許就不再孤單了吧？

偽善者

何謂偽善者？顧名思義並沒有太多的落差，hypocrite 指涉的就是某種表裡不一的行為人，內裡做的是骯髒不堪的事，表面卻看起來卻光鮮亮麗。虛偽，是這種個體最大的特質，虛偽並不是表面看起來是假的，而正是因為表面看起來太像真的了，所以才稱為虛偽。

大如國際組織，小如家庭，只要能稱得上「社群」的政治單位都有這樣的個體存在，而這種人既然可以把自己一分為二，表面是一個我，裡面又是另一個我，那麼這種「機靈」的行動方式，也將會使個體的自我變得「畸零」，更明顯的是伴隨而來的特質：雙重標準。偽善者能把具有同一性的自我切割，當然地也能夠把自我以外的他者給切割：這群是自己人，那群是別人；道德原則從來就不絕對，定言律令中的誠實也不過是康德偏執的主張。經濟社會中的理性人前提早就被證明是假想，雖然，無論何者，對於偽善者來說或許根本不重要，畢竟他們的所作所為本身就混淆了真偽與虛實，這也是

「偽善」所由來：因為本來就在假裝，所以正因為是假的，才要裝得跟真的一樣。

是作家、是教授、是律師、是公知、是知識份子，在社會階級上至少能說是站在布爾喬亞之上的那個地方，他們寫作會有令人悲愴的情節、他們講課會有自由平等博愛、他們辯護會有普世人權、他們說理會有哲學基底，他們說自己為了公平正義，他們提出高大上的各種主張，講演各種膾炙人口的故事，但是在相對主義被戳穿是虛妄的幾十年後的今天，這種主義仍像精蟲一般游移在客觀絕對的道德原則的背面。道德原則即便再精確的論證、具有如何如何的普遍性、宣稱著絕對不因時、因地而異，仍然是時時變異的：現代的相對主義就在於道德原則因人而異：你跟我同夥你就是律令的豁免者，你跟我不同夥這些道德原則就是對你的枷鎖，是種 ought to 的規範性枷鎖。

電影《大眼睛》（*Big Eyes*）的女主角 Margaret Keane 是一位「女」畫家，她的畫作總以人物的特大眼睛為標誌——因為眼睛是靈魂之窗，總是從這個窗口才透露出豐富的情緒——而畫中人物的眼神總是特別哀傷。然而故事的主軸不是這些畫作，而是這些畫作被她先生 Walter Keane 所剽竊，其對外宣稱這些完全是他的創作，要補足創作的脈絡時他總是再編一套故事。其中一段由 Margaret 說出的臺詞中提到意思約略是：這些畫作都是很個人的，就如同她的孩子一般。對照到二〇二〇年臺灣文壇的剽竊情形也很貼切，一位名氣不大的「女」作家，在參加文學聚會時所說出的故事，被文壇知名大佬拿去用在他的大作中，曾經這位受害者去信通知但卻無音訊，直到她將這篇故事收錄在即將出版的著作中時，這位大佬才發篇貼文說明此事，說著希望他的粗魯能得到原諒，即便這篇文章的內容不過是文過飾非的討取同情，遇到撻伐時也刪文關閉網站。

而為什麼要在「女」這個性別上使用引號？因為在一九六〇年代女性公民權尚未完全與男性平等時，我們尚且可以把問題歸咎在時代，畢竟那個時候連六八學運的公民運動都尚未起波瀾，甚至要到世紀末，男女在「法律規範」上才享有平等地位——即便現實上的「實踐」至今仍然與「規範」有差距。但是，在這幾年的左翼政治正確訴求下，性別真的就平等了嗎？確實地在大眾傳媒——尤其電影——上可以見到各種政治正確電影四起，內容標配必定為少數族群，例如有色人種、弱勢性別、非主流性傾向等等，似乎在媒體的表面上女性比男性還要強勢了，甚至 #Metoo 還能產生反向的壓迫，使得男性的求愛經常面臨追訟的風險。

然而根據統計數據，如果有一萬人受性侵害，那麼大約有九千名都是女性被害人。我們可以再省思一次：性別真的平等了嗎？我認為這個問題要區分在法律與現實的層面：法律作為規範，確實不把性別視為設定差別對待的正當標準，不僅如此，規範上各種性別（兩性以上）做同等的待遇，甚至還有優惠性差別待遇；在現實卻與規範有相當的距離，更進一步來說，或許正因為現實不是如此，但在規範上有這樣的結論，規範才會作為一種價值指引我們現實上該走的路徑。只不過或許是許多人都會覺得：路都是人走出來的，我有我的個體性，我的想法是主觀，你的想法也是主觀，我沒必要遵從你，種種相對主義思維加上社會環境的提示，為我們塑造了今日的社會面貌。

回到「偷竊」這個主題。如果今天偷的是物質或是財產，被原諒的可能性或許真的比較高。馬克思所批判的資本主義社會中的異化現象，老早就告訴我們勞動中的人性：早就在勞動成果與勞動分離的過程中脫離於勞動，我們勞動的成果卻是所有資產的中介物，因此即便偷了這些財產，也實在很難說是戕害到財產所有者的人格或是心靈——尤其是偷竊金錢的情況。但如果偷的是智慧財產呢？這侵犯可就嚴重了，智慧財產與其說是「財產」，倒不如說本身就是一種人格的衍生物，只不過我們用財產的概念來進行捕捉，我們從「創作是創作者的孩子」或是「創作是創作者的一部分」來進行理解（例如孩子就是自己心頭的一塊肉的想法），那麼偷取思想就是硬生生地剝去該創作者人格中的一塊，尤其這個人是個活生生存在的主體——人類，這樣的行為相較把死人的臉皮割來當做人皮面具的怪人而言，還要更為變態。

如果偷兒家貧肚飢，偷竊是為了果腹，那還情有可原——法律術語稱作期待可能性低或無期待可能性——所以在罪責上我們可以把這偷兒減輕責任或甚至免除。但在臺灣文壇的這個事件可不是為了果腹才進行偷竊，而這裡偷的可不是麵包，卻是人格的一個部分，偷的目的僅是一己私利——金錢或者是社會資本，這我想只能用低俗來形容，畢竟殺了一個人的部分，奪取了他的人格，只不過為了換取資本社會的中介品。人命無價以及人性尊嚴的意義，在這樣的行為中被重新詮釋了。

這是否就是權力施展的過程？無疑地答案為是。且這不只是能力性概念的 power to——有權力去做什麼，還是關係性的 power over——已在社會互動中透過權力實踐於另一個主體之上，將其支配進而壓迫。從師生倫理到律師倫理，這些倫理就像是中華「傳統美德」的溫良恭儉讓一樣，都是講講：講一套做一套、一手念經另一手就在摸乳。而這也沒有關係，只要我們一夥，一隻眼睛就永遠都會是閉著的。有些事件直接跟性有關，師生戀也好，約炮也好，而偷取一個人的思想這件事如果抽象再抽象那麼跟性的事件在概念上的共通點也不難找出，那就是違反他人意願的人格侵犯。與性直接相關的事件會在事件發生後檢討被害人的論述中聽到：「強暴你是看得起你，如果你不夠正，我怎麼會強暴你呢？」強暴被扭曲成符合父權美感標準的認證行動；剽竊思想這件事也可以被潤飾成：「如果思想不夠獨特，那麼也不會拿你的東西來用了！」當黑都可以變成白，錯當然也可以變成對，這是另類的善惡彼岸。剽竊你的思想還發文說明加上些歉意，讓你的著作因此更有知名度；強姦你的過程也讓你高潮，你不也有爽到，這樣的論述，不是高度雷同的嗎？面對受害者、受迫者，我們竟給予較少的同情，而施加更多的殘酷。

每個人在進入社會之後，才發現其實自己理想中的圈子並沒有原先所想像的那麼乾淨，所以很多人才會說：「你太理想了，十年後你還這麼想再說吧。」大家都不再期望，因為早就知道社會各處的齷齪，知道各種偽善、知道各種假中立、知道各種雙標、知道關係才是重點而不是對錯；在各處也都可以發現林子大了什麼鳥都有，社會中的角色確實是認識另一個個體的快速捷徑，但是角色中的每個個體從來都不是同質的，流氓也有願意保護婦孺的硬漢，警察也有白嫖的混蛋，這些角色特質不過就是一種傾向（inclination），換句話說，傾向從來就只是認識個體的概括參照，但它卻經常被用作以偏概全的藉口。有些人會在風向對時出來跟流行譴責，有意無意地表現了所謂不公（unfair）如何作為標準實踐，嘴個兩句讓大家知道我在道德時尚沒有落於人後，而有些人標新立異想在逆風中彰顯出自身的不從眾，結果反而顯露一臉為賦新辭強說愁的難堪表情。

其實，要讓事物有秩序是很簡單的，我始終覺得法律教科書上的平等原則講得又簡短又精巧：「同樣的事物同樣對待，不同的事物不同對待。」如果真的這樣的話，我想生活就會容易多了。然而，諷刺的是不曉得這跟後現代試圖破壞一切的企圖是否有關，這句話也變成人言言殊的巧語，因為留待眾人詮釋的這句話也不是不能理解成：「你跟我同夥所以我用對待我的方式對待你，他跟我不同夥所以我不用對待我的方式對待他。」雙標於焉而生，扞格就此而現，矛盾從此而出，不正義於是就這麼平凡無奇地出世了。

幽默

近日有脫口秀表演者以強姦為主題做了節目，其中的內容約略是表演者提出他認為強姦的定義是「明確拒絕後還是發生性關係」，在此定義下無論任何身分都是一個強姦，因此他聲稱被自己的太太所強姦，但因為沒有「事後越想越不對勁」所以沒關係。當然，這很明顯是在暗諷許多的性侵受害者其實在當下是享受的，只不過事後反悔所以才透過司法訴訟反咬一口，而這樣的論述實際上並不罕聞，在律師界內也有名氣律師稱這為「反悔投射」。

回到脫口秀表演，基本上表演者是以目前女性主義最前端的「只有好才代表好，不要就是不要」（only yes means yes, and no means no）作為性攻擊的判斷標準，姑且不論內容妥適與否，一個脫口秀最重要的素質是幽默，若連幽默都無法達致，這無疑地是個失敗的表演。但盲從的追隨者卻總是把在節目中感受不到任何幽默的人指摘為：「你不懂美式幽默。」

其次，表演者的其中一個名銜是留洋的碩士，但在具有相當知識程度的背景之下，卻沒有進行相關資訊的考察：根據行政院主計處的統計，一萬件的性侵害事件中約有八至九成的受害者是女性，確實地在 #Metoo 運動中可能有些女性濫用甫獲得的權力提起告訴——但結果只不過是烏龍一場，或是其實是劈腿被抓包所以提告妨害性自主來遮掩自己不堪的事實——在任何運動中的參與者從來就不會是均質的，我們從來不否認有老鼠屎的存在，但若僅因有老鼠屎就以偏概全了整個運動的體質，那麼這個老鼠屎其實不過是被批評者放大以強化自身偏見的優質素材而已。尤其我們不能忽略的是，歷來有無數女性在長期受壓迫地位中被性剝削、性侵害、性攻擊，最後終於有人敢於揭發一切，#Metoo 運動才成形，換句話說，我們的確不否認有女人誣告，但我們也必須認知，更要承認的是有女人確實被性侵，尤其後者的數量比前者還多，尤其前述的統計數據還是在政治正確、女性主義群起的近年，那我們可以想像過往的數量——尤其是黑數——又是何其多。最後，身為一個位處中產階級的公眾人物，連「強姦」這個概念的文字構成正是因為幾乎全數都是女性被施行這樣的行為，這樣的事實都未予了解，甚至不願了解，在被批評後還不以為然地再當作下一次「幽默」的笑點——我國刑法把強姦改成「強制性交」是性別平等原則的實踐，除了使男性也成為構成要件的保護範圍之外，也使得女性不再只能被定位在受害者的位置，這樣的立法同時也是賦權予女性的重要象徵——身為一個男性卻說自己被「強姦」，簡單來說就是無知的產物，尤其是刻意的無知。

當觀眾進入到表演場域，表演者說要刪除手機選字出現ㄙㄙㄙ也能博得觀眾的喝采，明顯尷尬的段子但只要鏡頭帶到就像被提示了「笑」的字卡一般笑得東倒西歪，又或是在武漢肺炎猖行的那時卻連基本的防疫措施（正確配戴口罩）都沒被實行，這種種的現象我想只能用「荒謬」（absurdity）這個概念來形容了。在那個場域，你不笑就顯得你沒格調，所以你笑，但那不是因為幽默，而是因為從眾，因為想要成為另一個社會階級，「擁有」可以去 stand up comedy 觀賞脫口秀的那種高級品味。但我們得多卑微，才會落入必須要把自己強硬地塞進這種虛偽場合的境地？強迫自己去感受那不幽默的幽默，並且要撻伐那些戳穿表象的人？要強制地連自己的真相都給掩蓋？

或許笑者不真正的笑，因為不真正地感受到幽默，也不真正地懂得幽默，如果只是因為別人笑而笑，只因為有個脫口秀表演者在一個脫口秀的場域，提示出了「笑點」（punchline），觀眾就要像巴夫洛夫的狗般地嘴角上揚、讓空氣振動，我想，這不是真正的幽默。當脫口秀表演者觸及到尚未被弭平的歷史傷痛，在一個尚未完成轉型正義的地區，鄭南榕尚未被國家正式平反時，曾因自焚的不當言論惹起爭議的表演者在道歉之後又拿「焚身」作為表演段子。觀眾笑了，這裡的笑點在於表演者戲謔原先對他的批評是種不合理的言論箝制，這種不和諧感成為了他製作這個笑點的基礎，而觀眾真正明白這個笑點嗎？真正明白到笑的意義嗎？當你笑了，對脫口秀表演者的這個笑點就是一種認同，就是認同他諷刺原先對他的批評，就是認同原先對他的檢討是不當，也就是說，認同他可以拿我國言論自由的象徵鄭南榕的自焚政治行動作為玩笑素材。

如果我們有著臺灣人的認同，如果我們有著對於性別平等的共識，如果我們有著諸多共享的共同價值，或許偶不時地我們可以靜下想想，我們的行為意義為何？我們身為公民該反思的事物是什麼？唯有反思，才能帶給我們更敏銳的覺知，也讓我們更符合公民的這個身分。

《小丑》——Jokes on whom？

似乎資訊比別人慢似的，過了半年才趕上了這個流行，當時就聽聞眾人說這部片劇情普通，就是看演員的，這讓我動力沒那麼強，但近來正逢脫口秀成為議題，也是因為脫口秀的表演內容成為爭議才有這個議題，匆匆找了這部片來趕流行。由瓦昆・菲尼克斯（Joaquin Phoenix）詮釋這個角色確實是撐起了整部片，他的笑令人不安，同時配樂也是刺耳得讓人覺得如坐針氈，而這個故事的重點在於表現出了這個主題：秩序與混亂（order and chaos）。

在《黑暗騎士》（*The Dark Knight*）第二部曲中我們從希斯・萊傑（Heath Ledger，一九七九—二〇〇八）所扮演的小丑知道：小丑的一個特點正是他的混亂特質，而這也對應到了諾蘭（Christopher Edward Nolan）系列作中的蝙蝠俠定位：他是騎士，但他是黑暗的，他是超越秩序的，他是法外的執法者，他超越常態，而小丑作為蝙蝠俠系列中的相生角色，正就是蝙蝠俠的對反：他是超越混亂的，他是法外的違法者，他也超越常態。而我們也知道瓦昆版本的小丑跟諾蘭系列的小丑是不同的，但他們既然都是冠上了小丑（Joker）的名號，他們就有同樣的一個特質：混亂（Chaos），只是這裡的混亂與諾蘭系列是不同的，從這裡沒有蝙蝠俠可以知道，這裡的混亂沒有任何相對概念，沒有相對於混亂的另一種超法秩序（order outside of law），這裡的混亂是純粹的混亂（pure chaos）。

片中主角亞瑟是一個自詡為喜劇表演者的人，他認同媽媽所說的，在這個陰暗的世界帶來歡笑是他這輩子的使命。在一個瀕臨崩潰的社會中，他隱然地被上層階級壓迫，他顯然地在下層階級還是被壓迫，無論是路邊的混混還是工作的同事，他想找出路但他發現這個社會已經是臺沒有煞車而且持續地往前衝的動力車輛，只有比壓迫還壓迫的壓迫，就連他原本得到的社會福利精神病就醫補助也因經費縮減而取消；上層階級的湯瑪斯・韋恩（Thomas Wayne）是個白手起家的企業家，也久不經世事地認為下層階級的不努力才造就他們今日的貧困，就像戰後嬰兒潮的中年世代一般忘記了時代給他們的紅利（bonus）：他們相信人定勝天，他們否定自身的成功有他人或社會環境提供的任何一點助力，所以他們鄙視貧窮，視他們都是丑角（clowns），而是什麼讓一個 Clown 成為一個 Joker？

Clown是一個被人嘲笑的客體，Joker則是主動地製造Joke的主體，這是差別，當亞瑟的母親說他的身分是湯瑪斯的私生子，他去找湯瑪斯卻得到他母親是妄想症患者的回答，於是又去阿卡漢精神病院調閱病歷，在發現資料上記載他確實是私生子而且他母親放任同居人毆打他們時，他的現實崩壞：他一直相信著他的母親的，她是他的世界，而他發現他的世界是一個妄想的虛構，就像一部小說；他發現這荒謬太卡繆了；因為沒有意義，所以他用他的行動創造了意義，他謀殺了他母親。這很扭曲嗎？一點也不，因為扭曲不扭曲是拿文明當作判準的，這只能說是原始。但我們也不能忽略一件事，既然湯瑪斯是個「成功」的企業家，而資本主義社會中「政治就是經濟」的政商關係，加上精神疾病醫院如同《發條橘子》（*A Clockwork Orange*）中展演的，是權力最為赤裸與殘暴的處所，什麼是真？什麼是假？到底她是生母還是養母？到底亞瑟是不是湯瑪斯的私生子？但我們也不要以為亞瑟是個傻子：你怎麼知道他不是已經知道那些根本不重要？他只是要對這個荒謬的世界做出一個「反抗」。

亞里斯多德（Aristotle，三八四B.C.—三二二B.C.）提到過人是政治性的動物，任何無需社會的不是神就是野獸，而尼采也提到在價值虛無的世界中必須要有「超人」（Übermensch），這所要說明的是一般存在主義式的意義創造已經無法說明亞瑟的行為，他不估量價值，他摧毀價值存在的基礎：秩序，而如果真要說，這種價值也會是一元的，因為沒有任何觀念能相對於此。弒母的行為所代表的是他抹去在世界上的根源與唯一連結，無論是生母或是養母——一個在自然意義上，一個在社會（法律）意義上——母親這個人是他的「出處」，當他抹殺掉這個出處，那正是一個超脫於這政治社會之外、重生的一個時刻，他已經是另一種存在了。

而亞瑟的這「另一種存在」其實一直隱含在他之中，他被社會壓迫著所以無法認知到這一點，他從一開始就無法被任何的標準所框架，他殺人為「錯」所根據的標準，就像他所說的，是好笑與不好笑、對與錯的標準所判定，而這個價值不過是主流的統治階級所形塑而出，就如同秩序與混亂也同樣是統治階級所劃分的結論。然而這裡的混亂只不過是一種瘋狂（madness），是一種非秩序，但亞瑟的瘋狂則無法用非秩序予以涵蓋，亞瑟的瘋狂就如同他的笑一樣，他的笑既不是常態意義上的笑，也不是常態意義上的哭，我們暫且稱之為「笑」的這個動作，其實是令人悲傷的快樂，這感覺很衝突也很矛盾，正是因為我們的認知仍在常態，但他的動作其實是笑與哭的總和，就如同電影各處出現的各處不和諧的好笑地方，卻同時也令人感到悲傷；我們感到無所適從與前所未有的不安，正是因為我們無法用任何概念去認識這種形態的「超人」行動。

他畫上了小丑的妝，這是他真實的自己，就像是《蒼蠅王》（*Lord of the Flies*）中傑克一夥人戴上面具、消去了社會身分達到原始狀態一般，亞瑟所畫上的妝正是自殺，他殺死原先叫做亞瑟的這個人，他成為自己的起源，他創造了自己；他給了自己名稱，名字是Joker，而這個名稱也不是一個名字，因為這不是在社會中用來辨識其他個體的符號，而是一個表達他是透過Joke來創造意義的新主體。就像他上Murray Franlin的節目時，主持人說："So when we talked earlier, you mentioned that you aren't political. That this look isn't a political statement."

Joker也回答："That's right. I'm not political, Murray. I'm just trying to make people laugh." 他宣稱了自己的「非政治」，甚至是說在他想要讓人們笑的宣示中，他是要「去政治」的，畢竟他不止要成為超人，他的所做所為正是對於所謂「政治」的搗毀。

這可以從他的行動所引發的後續看見：整個社會失序進入無政府狀態，這些人為何而鼓譟？為何而興奮？是因為他們被解放了，被從這個政治社會解放了，他們進入了政治社會之前的自然狀態，他們取回了曾經（因社會契約而）交付出去的自由，他們獲得了完全意義上的自由，也就是霍布斯所說的那種，在自然狀態中包括殺人自由的自由，再也沒有盧梭所說的枷鎖，而這多虧了Joker。這部電影沒有反派，也沒有正派，因為這部電影所要做的就是破除這種習慣性二元化認知的慣性；沒有英雄，也沒有壞蛋，唯一有的是一個超越於有序社會之外的不可控主體，是超越人的存在，是純粹的混亂，他要做的就是一種宣稱：Jokes on you。

放屁真香

我們為什麼會喜歡自己放的屁？除了熟悉之外，也因為身體內的菌落比例是每個人不同的，所以我們會知道自己屁的味道。而從演化論來說，是大腦試圖避免我們自身受到傷害，尤其是疾病傳染，就如同多數不好聞的東西也是不好的東西，所以越臭的東西就是有越高疾病風險的東西。所以即便是美女或帥哥，他們放的屁依然是臭的，這是因為在人演化而來的生存本能中，我們把臭的東西連結到有害的東西，因為他人的屁根據他身體中菌落組成的比例不同，肯定跟我們自己的屁味道不同，所以我們的身體會警覺並且拒斥，這就是我們感覺到別人的屁臭的原因。

但如亞里斯多德所說，人是社會（政治）性的動物，不依存於社會而生的不是神就是獸。在社會關係中小到家庭大到國家，都能看見文化上我與他的區分，我家人與別家人、我國人與他國人，甚至我星人與外星人，都是一種觀點所導致的區分，從血緣到國族到星球，我們透過共體中的意識所形成的區分劃下了人群之中的界線。

父母要照顧嬰兒會讓自己去習慣孩子的味道，進而能去容納照顧所帶來的負擔，同樣地，文化也有味道。在國與國之間，有共同民族認同的自己人就會有自己人的味道，所以外國人跟我們的氣味就是不同，而在這種情況下，對錯甚至是在身分之後，就像面對我國人勞工適用的勞基法，卻不對境外漁工（移工）適用。明明都是勞工不是嗎？因為氣味不同。

在國家與家庭之間的社會，也有這氣味的問題，除了《寄生上流》談到的階層氣味之外，同樣地在各種議題上也有氣味的表徵。例如脫口秀是否是一個適格的脫口秀，是否是在探究道德底線的同時以幽默的方式予以述說，又或者只是把無聊當有趣再度傷害弱勢受害者；例如政治傾向上究竟人物是一個改革的代表又或是極權的代行者；例如一個競選者究竟真的是貧弱階級的代言人又或者只是權貴的地痞；例如作家是受了出版社行銷的目的而被用作箭靶又或者是一個剽竊者。這種種問題就會讓持有不同立場的人聞到不同的味道，最終才會發現原來氣味不是一個自然的問題，是一個文化的問題；政治社會哩，是一個觀點決定了氣味的香臭，而不是單純演化的關係。

當你把另一個個體或是另一群個體當作自己人，就連這些人放的屁都會是香的了，即便在生理上我們的身體仍然會警覺這不是自身的黃金比例，也依然會在觀點的決定下讓這個氣味顛覆了我們的嗅覺。是你想要相信它是香的，所以它才會是香的，而不是它是香的，你才相信它是香的。信念決定了現實。當然，在群體之中越是能表現出具有這個信仰的行動者——或者說是因為這個主體的行動才形成了如此的信仰——當然地他會成為意見領袖。當我們具有了信念，又有一個人就像使者保羅把這個信念予以發揚光大，甚至這個人本身就是耶穌，是這個信念的起源，那麼無論他們說什麼、做什麼都是「對」的，甚至連放的屁都會是香的。

我們常常以為是因為這個人本身的長相所以我們覺得他美或醜、胖或瘦，但這些都是文化概念，過輕與過重根本不是自然而然。信念建構了我們的現實，我們相信，我們才看得到，就像人格神一般也是要有這樣的信念作為必要條件我們才能聽見神的聲音、看到神的形象。但我們也不要忘了，就像電影《一一》提醒了我們的事情，我們總是只看得到前面的事情，後腦勺的方向卻是從來都看不到的，主角洋洋才因此想要使所有人完整，把其他人的背後面補上，而同樣地當我們具有某種信念時，我們也會因此成為一部分的盲人，因為我們總是看不到另一部分的現實：在另一種信念下的現實。其實信念有很多名字，偏見（prejudice）、被濫用的意識形態（ideology）一詞、或是刻板印象（stereotype），其中最中性的形容或許會是觀點（point of view）。那為什麼要用信念這個詞？

之所以使用信念這個詞，是因為其他名詞無法完全地代表這種現象中信仰所扮演的角色，無論是偏見、意識形態或刻板印象，讓我們睜一隻眼閉一隻眼、對於特定現象只看到我們想看見的，是這種文化建構了我們的現實。但是信念是更為純直的，是超越於這些文化概念之上的，也就是是真實的信念（faith）。在現代已經世俗化了的（secularized）的政治社會，權力已經剝離於神的萬能（omnipotence），但反而成為了另外一種政治神學，不是基督式樣的，卻是在上帝死後讓人成為另一個基督，這些人成為了被信仰的神祇。而正因信念是超越理性的，所以理性上雖然我們知道這些人有矛盾、有不一致，但正因為信仰，我們超越了理性的層次。對於這樣的人來說，這已經不是視而不見的問題，是視見卻超脫於世俗的問題。既然連倫理上的善惡都不再重要，那麼當然屁的香臭就不再會是一個問題，因為明知這些不和諧卻還能信仰，這才是信仰偉大的地方。只不過正因為這是信仰，所以從來不會是理性或溝通能作用的地方。

Zoom 禁用之後——上課被看而已不會怎麼樣吧

教育部在二〇二〇年四月七日以院臺護字第一〇九〇一六九九七六號函轉知各學校禁用 Zoom 軟體，因為這個軟體有資安的疑慮，同時建議使用其他的軟體包括 CyberLink U Meetin、Microsoft Teams、Cisco WebEx、Adobe Ccnnect、Google Hangouts Meet、Jitsi Meet 來進行線上會議或教學。理由為何？

我們先來看看Zoom這個軟體的背景是什麼，Zoom 是由袁征（Eric S. Yuan）所開創的視訊會議軟體，操作簡單且功能完善所以使用者廣泛。袁征在二〇一一創立 Zoom Video Communications Inc. 並成為 CEO，去年三月首次 IPO 並在次月以 ZM 在納斯達克掛牌上市，市值一度達到兩百億美元。但這個軟體的資安漏洞包括：任何網站未經用戶許可開啟 MAC 電腦鏡頭、加入視訊，即便移除 Zoom 仍無法消除；未於隱私政策說明即將用戶數據分享給臉書；「Zoom-bombing」是使用者輕易加入會議並放出猥褻圖片並竊取 Windows 系統憑證；最重要的是會將資料送給中國伺服器。就此ＦＢＩ也對此軟體發出安全性警告，SpaceX、NASA 也都禁止使用 Zoom，袁征也就資安問題直播道歉。

然而在發出禁令後，知名臺大電機系教授撰文稱一紙函令就讓一個月的努力前功盡棄：「課程教學，怕影像沒加密被導到大陸伺服器服務，就會被大陸政府監看臺灣老師上課的過程？在教學上，是絕對的機密比較重要，還是有好的互動功能設計能讓師生在網路上容易互動討論比較重要？這是個見仁見智的問題。……昨天看到立委質詢，我就知道大概就這樣了。在臺灣，很多事情跟政治沾上，就沒有什麼可以討論的空間了。」並且也提到這些並不是真正的資安問題，而是政治問題，因為創辦人來自於中國；要真正的資安，那就當面會談。這也讓成大電機系教授李忠憲發表〈課程非機密，用 Zoom 沒關係？成大資安教授：忽略威脅是「真誠的無知」，貪圖方便是「盡責的愚蠢」〉。學者何明修也說：「Zoom 確實該禁。教育部是對的葉丙成是錯的。」[1]

課程內容無論有沒有機密，從法律的層面上來看，縱使線上教學內容或是會議內容全部在講冷笑話，也全部都是我們的自由權而不應該被侵犯，這就像近日中和員警臨

---

[1] https://newtalk.tw/news/view/2020-04-09/388995　學者何明修：Zoom 確實該禁 教育部是對的葉丙成是錯的

檢少年且毆打一般。臨檢成為一個問題，是因為雖然已經有《警察職權行使法》，但是要件不僅與大法官釋字第五三五號有扞格，實務在執行上也常常不遵守依法行政原則，導致違法臨檢頻生，但對於許多人來說卻只是這麼想：「看一下身分證而已有什麼關係？」這就像 Zoom 的事件中：「上課內容被看而已有什麼關係？」然而在法律上這有很大的關係，因為法律上的判準就是先有「有或無的問題」才有「程度」的問題：有違法或沒違法，然後才有違法程度的問題。

我國有《個人資料保護法》保障個人的隱私權，而隱私權也在大法官釋字第六〇三號中認定為是我國憲法第二二條保障的一般行為自由權的範圍中。從《個資法》可以知道：從姓名、身分證字號到社會活動，也就是各種「得以直接或間接方式識別該個人之資料」，都是個人資料概念的範圍，而隱私權的保障同時也可以在刑法第三一五條至第三一九條妨害祕密罪章中對於隱私法益的保護得見，其中即有禁止無故窺視、竊聽錄音、錄影他人非公開之活動、言論、談話或身體隱私部位的行為。廣泛來說，所謂隱私權範圍是以有無「合理隱私期待」為定，也就是主觀上對於活動有隱私的期待、且在社會通念上認為這個期待是合理的情況下，隱私就會受到憲法保障。所以即便是在公共場所，也未必沒有隱私權的保障。那麼在課堂上的教學內容，即便只是冷笑話，只要是有合理的隱私期待，就是隱私權保障的範圍，那麼當然不能只說用這些通訊軟體本來就有風險，所以真的要確保資安就當面會談就好——如果這樣的話我們基本上都可以回到原始社會了：因為開車也有風險所以乾脆走路，用手機也有風險所以就走到別人家敲門傳話。事情不該是這樣的。

這事件同時更涉及到學術自由。學術自由的重要性由我國與中國對比即可知，若知識的追尋是學習的目的，那麼中國本身因為制度的緣故導致知識都是虛假的，文本本身就必須要在「來回返照的眼光」中透過部分與全部的互相詮釋才能理解意義，但是中國的不自由制度使得知識永遠都存在著被刪減段落的可能性，而部分的缺失也將導致文本整體的意義更動；因為這是有意為之，所以這是一種扭曲。那麼知識追求的目的就永不可及，中國也因為學術的不自由導致知識的殘缺。學術自由之所以會受到影響是因為言論自由的緣故，若言論的內容（也就是學術的內容）被洩露給中國，那麼言論發表者將會考量與中國可能有所牽連的人事物，可能會因此而自我審查，使自己發表或不發表特定的言論，這樣的事情是侵犯了學術自由使得知識不完整，也侵犯了言論自由使得意志的表達無法完全。這就是 Zoom 的問題，Zoom 的問題就是歐威爾《一九八四》小說中老大哥的那隻眼睛，就像海康監視器一般，老大哥無所不在。

更有甚者，臺灣面對中國之所以能「超前部署」，正是因為我們，相較於全世界，是最常也最嚴重地面對中國勢力的地方。我們是民主自由國家，中國是極權獨裁國家，我們因為已經累積足夠的受迫經驗，才能在這次的疫情中做出相較於在其他方面比我們先進的國家更優秀的表現。在〈亡國感的逆襲〉中，張娟芬提到中國這樣的極權國家的恐怖正在於「潛規則」：不是實際上「有沒有」做什麼，而是他「能不能」做什麼，在這種支配關係下處於統治地位的人，他的行事沒有標準，這就是令人恐懼之處，因為這種恣意（arbitrary）正是你無法解答的問題：為什麼發生同樣的事我要被槍斃他卻沒事？而我們已經習慣呼吸自由的空氣了，也該是時候更深刻地學習民主與法治。我們必須要認知到：這些上課內容不只是內容，身分證被查驗也不是號碼被看而已，這些都是我們所擁有的權利與自由被干預甚至侵犯的事件；我們必須重視自己的權利，才有稱為公民的適格。

The Platform：彌賽亞與吃人社會

《The Platform》這部電影臺灣翻譯作《絕命大平臺》，但我想原文才能表達出這部電影所要傳達出的訊息，也就是現代社會的樣子：人吃人。電影內容中堪稱為主角的格倫是自願進入這所「監獄」的，他是為了拿「證書」才選擇進來六個月；他第一次同房的是位名叫崔馬格西的老人，他是因為對電視購物不滿、把電視丟出窗外，卻意外砸死人才進來的。

這個稱作監獄的地方，是由總共三百三十三層的中空正方形牢房垂直組成的，每一間牢房住兩個人；每個人在進來之前都被要求填上最愛吃的食物，系統會將其配置上平臺，而這個平臺將會從〇層開始一層一層地下降，每一層停留的時間，該層住民就可以享用平臺上的食物。因為每個人都有填寫一道菜，照理來說，每個人只吃自己需要的，每個人都能生存，但每個人卻都不只吃自己需要的。

這個監獄就是現代社會的赤裸原型，平臺則是這個現代社會分配系統的象徵。分配所有資源的體制本來就是無形的，甚至可以說是共同體中想像性的存在，所以可以說是不真實的，這就說明了平臺為何可以憑空懸浮升降於各樓層。每一個樓層所代表的即是社會階層，上層與下層是壁壘分明的，就如同社會中的個體扮演的角色不同、社會對於任何一個角色都具有特定的社會期待，而處在社會中的個體也因為符合社會期待會是如同艾倫・強森在《見樹又見林》所說的「阻力最小的路」，所以自然而然地如同被制約般地依照社會期待而行動；在上層時就極盡所能地暴飲暴食，並向下拉屎撒尿，毫不關心下一層的人是否還能分到食物，即便他們知道每個月都會換一次樓層，自己可能再高也可能再低，但他們仍然如此行動。

這就是社會制度，個人的意志無足輕重，所以片中也常出現的一句話：「改變不是自發的。」這句話正是在否定人的能動性。整部電影就像在嘲笑羅爾斯對於正義社會的想像一般，無知之幕與原初狀態也無法確保人能設計出正義的社會，因為當進入現實的社會時，處於上階層的人會盡可能地掠奪所有資源，即便下階層的人暴死或是相互殘殺，他們也看不見聽不到。

在第一次換樓層時，格倫從四十八樓掉到一百七十一樓——通常五十樓以下就沒有資源了——老人把他綁在床上、打算吃他的肉，是一位叫做米哈魯的女子及時割了老人的喉嚨，才解救了他。米哈魯時不時就藉由平臺在各樓層間上上下下尋找著自己的孩子。她所代表的就是「運氣」。

但有趣的是，在老人要殺格倫時，格倫也雙眼直視著老人告訴他說：「我要告訴你，要負責的人是你，不是上面的人，不是環境，也不是管理局，就只是你。」這不只是喚醒良知，而是在催生出人的理性——也就是人的自由意志。他在述說的是「我們有自由，我們有選擇，我們有責任」。所以即便每個人在進入每一個角色（樓層）時都想著：「就算自己不吃別人也會吃，那為何不自己吃呢？」我們也必須要為自己的掠奪致人於死負責。

格倫就是這個監獄社會制度的救世主——彌賽亞，他不止試著點燃一個人的理性，他同時也在片尾時試著救贖整個社會。雖然格倫在第二次換牢房時遇到了原先管理局的人員，對方告訴他「這個地方沒有十六歲以下的孩子」，但他卻在最後的第三百三十三層找到了米哈魯歷次在各樓層間穿梭、不惜殺人所要找尋的孩子——透過尋找到一個不可能的存在——這個孩子——格倫發現了奇蹟。

原先在萬物分配者的管理局中工作，在第二次換層時與格倫同層的女子伊莫古麗就如同基督教世界中墮入凡間的天使。她自殺後出現在格倫心智中的形象引用了《約翰福音》第六章第五十三至第五十八節，要格倫吃肉喝血，卻諷刺地把原先是在靈性意義上的「吃肉喝血」給世俗化為真的「吃人的肉喝人的血」。然而，格倫否決了來自神祇的邀約：他自身就是現代的救世主。他不從原先伊莫古麗所存的舊有秩序中的神聖來獲得救贖，他自身要成為救贖。他隨著平臺而下，找到奇蹟，並把奇蹟作為象徵傳遞給舊體制。他否定了片頭所說：「這世界有三種人，上層人，下層人與掉落的人。」格倫三者都不是，他是一個新人，甚至是超人，他不存於這個世界，所以最後他把那原先不可能存在的小孩——奇蹟——放上平臺要送到第〇層，作為傳遞個人也能成為神祇，傳遞個人具有自由而能脫離社會體制的訊息，格倫在第三百三十三層離開這個監獄——世界。

格倫試圖拯救這個社會，這個吃人的社會，就像耶穌為了世人的罪上了十字架一般，但耶穌受難後人類還是照樣地墮落，所以世界才會只有上層、下層以及墮落者。那麼現代的彌賽亞也有極限，但這個社會是否繼續吃人，就端視所有存在是否願意一同昇華了。

恐懼

恐懼可以說是人類最原始的情緒了。學者許國賢分析，恐懼的情感是來自於我們有某種可欲之物，因為我們想要保衛住某個東西而生，而且「……未必是可欲的狀態被確實摧毀或侵擾，才會使人產生恐懼感……相反地，只要這種被摧毀或被侵擾的心理預期或警覺開始發酵，那麼，恐懼感就已然在人們心中暗自萌生。」

我們的視野所及同時代表了我們的視野所不及，而其間的落差總是懸殊的。換句話說，未知，不意外地，將永遠地把已知拋得遠遠的，而未知總是帶來恐懼。也因此，我們想要「知道」，想要去掌控秩序，讓我們能控制住所有這些對於存亡的威脅。自然狀態中的我們，恐懼著自己以外的他人，那是萬人對萬人的戰爭。

所有人之所以能有幸聚在一起，霍布斯說是因為想要「生存」，所以把這些恐懼全部聚集在利維坦身上。其實在今日，我們也還是在一個萬人對萬人的狀態，因為一個主權國家的政治思想背景早已被「國」「際」給進化，自己以外的他人仍然都是敵人——在敵友的純然政治場域下，只不過是把今日的「自己」擴大為有共享民族認同的群體而已。

現代的民族國家據安德森（Benedict Anderson，一九三六—二〇一五），的著作所稱是《想像的共同體》（*Imagined Communities: Reflections on the Origin and Spread of Nationalism*），是因為一樣的政治認同才讓具有個殊性的個人聚集。但中國可不同了，中國人是「恐懼的共同體」，他們的日常就是恐懼，做壞事了，害怕著被抓捕；做好事了，同樣害怕被抓捕，張娟芬在〈亡國感的逆襲〉一文中很明白地指出：因為極權國家的特質就是「潛規則」，換言之，就是「恣意性」。舉寫出《敵人是怎樣煉成的？沒有權利沉默的中國人》的寇延丁為例子吧，她不過是個公益人，卻經歷了相反於馬奎斯（Gabriel García Márquez，一九二七—二〇一四）《百年孤寂》（*Cien años de soledad*）魔幻現實風格的現實魔幻，相較於把魔幻給現實，現實在這個奇妙的無限向下旅程中魔幻了。

因為搞公益，某日登山就給逮補，罪名是顛覆國家政權罪：「是指組織、策劃、實施顛覆國家政權，推翻社會主義制度的行為」。說明是：「本罪所指的行為無論有無危害結果，只要查明行為以顛覆國家政權為目的，進行了祕密謀劃活動，就構成本罪。」這顯現的正是這樣具有法律之名的規定完全不是法律，因為所謂「法治」（rule of law）

的一個特點正在於「明確性」，必須要讓被規範者能知悉行為的後果，這裡很明顯地只有全然的模糊，所以說你祕密謀劃就是祕密謀劃，話語在這裡確實將具有魔力，因為黨國能讓話語的內容成為真實。《敵人》一書中的法官甚至在作者的世界中變成了豬貓馬，而處處是監視器也就如同《一九八四》大洋國躍然紙上，不過與其說是審判者，倒不如說這些人也是作家，因為他們正在用言詞以及名為判決書的文件創造出現實，這不就是小說——fiction——的宗旨嗎？法官都不法官了。

我們經常談論的「免於恐懼的自由」裡頭的「自由」，是相對於權力的權利，但若在中國使用這句話，那意義可就完全不同：這裡的「自由」並非相對於權力的權利了，因為在這裡，權力本身就是恐懼的主體。他們是陰謀論者，總想像枝微末節的雞毛蒜皮是整個大詭計的一部分，法輪功是要顛覆共產黨的不法組織、維權律師是尋釁分子……。陰謀論的特徵就是總要在平凡普通的事物上，就能力無法解釋的事件補上一種無法驗證的條理。彈珠掉到桌下就不見了嗎？簡單，掉到異次元空間了，結案。我小時候的幼稚心靈也證明我曾經是個陰謀論者。而在中國的恐懼也讓他們創造出各種精彩的劇作，但劇作總要演員，所以那些城管、警員都是找人的戲班，他們要找人來扮演囚犯，這些囚犯的一個大作用就是來去成就感動國人的大敘事——用作者的話來說，那就是「傾國傾城」。耗費龐大的成本維穩、把所有的一舉一動透過電眼收納在眼下，都是為了要掌控恐懼、自我安慰，在中國恐懼不需要有任何想像式的共同體，因為恐懼本身就是實存，恐懼就是極權本身，所有人因此產生了一種變異的連帶——恐懼連帶。

但除了在中國發揮這種特殊的凝聚之外，大部分的情況中恐懼是會讓人結盟的一個情感。在二十一世紀走向第三個十年時，中國開始進行全球的部署，例如一帶一路、孔子學院以及媒體的滲透，這在臺灣尤其明顯；我在寫作的現下更是經歷了香港的反送中運動，甚至港版國安立法讓美國揚言要取消香港的特別待遇，這正式讓中國與美國成為在國際上對立的兩大國家——而既然政治範疇是無關善惡、美醜、真偽的，那麼能選擇的就是要成為哪方的友人，也就是另一方的敵人。僅隔一道海峽的臺灣因此在中國的殖民性擴張——宣稱併吞島嶼的企圖：留島不留人——中產生了被戲謔為「芒果乾」的「亡國感」，而正是這個恐懼讓臺灣上的人往「臺灣人」的認同邁進。不過在此要先說明的是：其實亡的「國」是有歧義的，從一九四五年國民政府代管——或說殖民——臺灣這塊島嶼至今已有七十五年，當初也因為文化上的衝突——本島與外省——以及意識形態對立的冷戰而發生了二二八事件與歷時數十年的白色恐怖；對於今日在島上的所有人，這個「國」分別是：表為中華民國裡為臺灣、表為中華民國裡為中國。歷史以及隨之而來的肅殺讓溝通全然停滯，時間停留在數十年前直到一九八七年解嚴的開放，然而累積的混亂仍然未解，因此也讓島人的認同混亂，或隱或顯地分成兩半。

這亡國感的恐懼實際是什麼？是我們可能被滅絕的擔憂。臺灣曾面臨過屠殺，雖然事件在世界歷史上並非主流，但這些非自然死亡並不比被納粹殺害的六百萬猶太人要輕微，尤其島上經歷的這些不正義至今尚未如同德國一般轉型。中國令人恐懼的地方在於它是新型態的極權，有著民主的衣裝、強大的經濟力量，雖是封閉的政治但卻有著開放型的經濟，急起直追的九〇後讓世界的白左甚至認為有所謂的「中國模式」。龐大的經濟力量若挹注於一處就能創造出經濟奇蹟，而若略施一些「小惠」就能掌控媒體，國內的宣傳（propaganda）無疑地會比四〇年代的納粹更為細微與廣泛，處處都是眼睛，裝不上電眼的就像新疆一般由代表國家的官員入住你家以肉眼監看著你。《一九八四》中的名句「二加二等於五」說的是在極權國家中即便是邏輯真理都會被扭曲，知識上的真理會被政治上的權威給取代，所以「戰爭就是和平；自由就是奴役；無知就是力量」，而現實的具現就是：「一九九七＋五〇＝二〇二〇」[1]。

我們身處在政治社會之中。因為我們已經脫離了殘暴的自然狀態，所以每個人都享有政治自由以及由國家擔保的生存安全。但若發生了如同自然狀態一般的事件，例如橫刀奪取路人性命的隨機殺人，這就喚起了我們原始的對生存的渴望，亦即對死亡的

[1] 香港在九七回歸時，中國承諾五十年不變，然而在二〇二〇年就回歸到一國一制使得香港被收納入中國的極權體制，而這正是《一九八四》在現實的上演。

恐懼，尤其在媒體的反覆播送中這個印象將會一再地被強化。人常說臺灣人健忘，事情過三個月就忘記，似乎這是一種民族性。然而，實際上所有人都健忘，因為所有人都將短視近利，千元在手勝過萬元在天，這必須回歸到文初所說的我們需要一種秩序，也就是確定感，我們對於混亂無所適從。撇除媒體的因素而論，其實敵國——不特別指涉中國，凡是不具有「友性」之國家皆屬之——與我國已如前述地同樣地面臨自身存亡的威脅，但因為這種對生存的奪取總不像畫面上一刀捅進肚子那麼直白，權力的施展可以是幽微的——對於粗枝大葉的人而言這反而不令人恐懼，著實諷刺。但我們難道不應該去進行反思，思考我們可欲的是什麼嗎？是民主、自由、生存？亦或是極權、專制與死亡？若我們能有些反思，那或許恐懼將會是充斥我們腦海的唯一情緒，而這並非不理智，畢竟感性本身就不與理智衝突，反而正是理智了我們才恐懼。我們也該感到恐懼，因為彼岸代表的並非歡平的應許，而是在秩序井然底下全然不可控的失序。

想像的真實

「想像的真實」，與，「想像與真實」，思索本篇的題名就花了些許時間，相較於其他篇靈感一來就直接落筆，這篇還多思索了究竟想要探討什麼的問題。咀嚼之後的結果是去探討「真實」，而不是真實與想像之間的對立關係，畢竟後者似乎要先從一真一假的二元假設破立開始，才能去探究我真正想說的東西。此外，我關注的並不是二者之間的聯繫，而是「真實為何」的問題。

曾在奈良旅遊時看著調皮的鹿追咬遊客的屁股（還有我的）討仙貝吃，牠們還會鞠躬點頭行禮儀只為求得食物，這是很本能性的，因為只要牠們這麼做而得到獎賞，這樣的正向關聯就使牠們的思路產生了連結，進而制約了自身的行動。然而在這裡並沒有「意義」（meaning）的存在餘地。所以當鹿在用牠的角去頂撞遊客之後，吃下了遊客手上的千元日幣紙鈔，有一個現象才被突顯出來：仙貝一包一五〇元，內容物能大量地去填飽鹿隻的胃袋，然而被吃下的那張紙卻連塞他們的牙縫都不夠，甚至油墨還可能造成腸胃不適，顯然地後者的組成成分對於作為生物的個體而言是不足於前者的，那麼是什麼讓後面這個物件能換算六份多，遠遠超過自身所能帶來的生物性價值（熱量）？

換個話題。為何我們是臺灣人？在美洲大陸上的是美國人？又或者是所謂的「華人」是從何而來？所謂的民族（nation）概念又是什麼？更進一步地，政治社會又是如何成立的？財產權又是什麼樣的東西？我的東西被偷走而國家追訴了偷竊者的竊盜行為，是因為這個東西身旁有著神聖的光環嗎？其實這些都是相同的問題，也就是說似乎有些肉眼看不見的東西在運作著——這就是「想像」。這裡的想像固然是來自於思維（thoughts），但並不是幼童所面臨的那種想像朋友（imaginary friends）的意義，而是具有建構性的（constructive），因為這裡的想像不是那種對應於真實（true）的虛假（false），而是塑造出真實的途徑。

我們的資本主義社會創造出的媒介就是「貨幣」，而這些貨幣是用作所有生產物的兌換籌碼，它本身就是一種標準，以此標準衡量出每件事物的價值。然而，無論是貝殼、銅、鐵、銀、金甚至到今日的紙鈔，這些價值都是人造的（artificial），白話來說我們可以設想在一個沒有人的社會——例如今日的原始叢林中——野生動物完全不會使用這些東西作為生存工具（當然人類拿銅鐵等礦物用作生存工具和武器等，與今日用作貨幣媒介是完全不同的事情）；簡而言之，這些東西之所以具有「意義」是我們人所賦予的。最荒謬的是就是紙幣：日常的我們竟然把一張從樹木開始到紙漿後來印上油墨的東西，拿來換取各式各樣的物品；這些東西的生存工具價值遠超過這張紙墨（這從吃下這張紙墨與吃下這張紙墨在人類社會中所能換取的物件，分別能換取多少生存時日即可比對而出）。這樣的事情是怎麼發生的？想像。湯米男孩所想像出的虛構朋友可能叫吉米，除了想像的意義不同於本文所述者外，這裡的想像也不具有社會性，但是本文所要討論的想像在本質上就是社會性的，也就是說這是預設了兩個以上的人類主體具有的共存想像。在這種想像的前提下，我們假定了某個東西存在、或是某個命題具有共識（例如這張紙墨能換取多少的物資），在現實上會產生與「不假定」該東西存在，或者該命題不具有共識時，不同的效果。而在取得同意與這個想像獲得實踐之後，也就是說這件事情被當作存在地去實行，產生出了（與不如此作為）不同的現實上效果，讓這個後來的事件能去確立出先前假設的真實性，尤其是一次又一次的現實實踐讓這個共識越來越堅固，讓這個東西真實存在了。

同樣的，民族這件事真的存在嗎？實際上不然。在十九世紀反法蘭西之前沒有民族主義，更不用說在二十世紀中葉二戰後的殖民與後殖民反抗意識（當然需要注意德里克（Arif Dirlik）的著作《殖民之後？：臺灣困境、「中國」霸權與全球化》（*After Colonialism?: Taiwan's Predicament, "China"'s Hegemony and Globalization*）中提及的殖民主義與民族主義的重疊），民族的觀念在安德森的歸整下提出了《想像的共同體》的觀念。民族不是血緣性的族裔（ethnic）問題，即便我們有著不同膚色與品種，但我們可以是同一個民族，美國就是這樣的一個國家。然而在民族主義的建構中，重要的是「歷史敘事的重塑」以及「根源的認同」，所以「中華文化」的核心就必須要是始自開天闢地的黃帝蚩尤大戰，進而線性地貫穿到中國共產黨執政，撇開政治現實要取得統治正當性的問題不論，這正是想像塑造真實的顯例：去對某件事物產生共識、或把某件事物用作前提，所產生的效果回頭去強化了原先的共識、前提，而想像的真實就是在這樣的自我循環中確立。

社會契約論也是這樣的假想，但探討政治社會的成立是更為有趣的，因為社會契約論通常會被當作理論的假設而被認為是虛構，就如同理論工具一般不具有真實性的考據價值。但是，社會契約論的理解上，相較於其他的例子而言，並不是我們假設、共識之後依照效果回溯地證立社會契約的存在，而是在現實上的效果中去推論——或說去置放——一個假設、共識，作為現實狀態（政治社會）存在的解釋，再透過這個假設、共識來確立出現狀，並且再次地進行循環。換句話說，在這個例子上順序是相反的。

財產權也是如同前述的民族、貨幣一般的「想像的真實」，故而不再贅述了。其實這裡有趣的事情是，後現代的偉大功勞就是搗毀一切的真實，但是在後現代之後又透過想像來塑造出新的真實，所以說現代的身分政治（identity politics）正是在認同（recognition）的基礎上去變更舊有意義上的真實——也就是現時的真實是被創造出來的，而不是被認知到的。顏色不再重要，因為我可以身為白人但認同自身是有色人種；性別不再重要，因為我可以有我個殊的性別認同而創造出我是男性、女性、第三性、流性的現實；年齡也不再是年齡，任何曾經的客觀真實都不再如過往所是。

真實的想像，就是想像的真實，因為想像就是真實。這不再是「主體客體」二分——將人與人之外的事情截然區劃後，得出一種獨立於人之外的絕對、外在的存有，與其說去探討在這個意義上的存有，倒不如說於此所說的真實，必須要是超脫出這原先的「主體客體」規劃才有可能；是在不同的「主體客體」意義之下，或說根本沒有「主體客體」的概念存在的情形下，或者說搗壞了這個概念之後，才能說明出後現代的「真實創造活動」，透由這樣的過程，後現代所造成的真空由幻像來填補——這就是我們今日所生活的世界，我們所體驗到的真實完全都是想像，而我們的想像就是完全的真實。

首先，我想先區分出一個經常被混淆的觀念：目的（end）與功能（function）。二者分別的粗略定義是：目的是行動者的行動所欲達成的某種現實狀態；功能則是行動者的行動所實際造成的現實狀態。舉例來說，如果有個以拍攝極限影片為業的人，影片內容經常是跑酷（Parkour）在各個摩天大樓頂端的飛簷走壁，他的目的我們假設是想讓他人見識人類體能的所可能達致的狀態。然而，現實上有人因為看了他的影片或許去模仿他的行為，進而也產生了下一批極限體能運動者，又或是因此跌落峽谷身亡，這些我們都可以說是這支影片帶來的影響，也就是它的功能。當我們有這樣的概念區分之後，對於事態的理解可以有更明晰的分界，進而不容易混淆行動者的意志與事態實際發展間的關係。

在社群網路上我們經常可以看得到一些網友自稱為女性主義者（或說女權），他們宣稱他們主張女性的自主權，最主要是身體的自主（進一步可能就衍生到性的自主），所以他們不僅不在意裸露，甚至裸露還是他們刻意去做的事情。必須要注意的是：這裡所說的「宣稱」未必需要由這些人進行言論上的表態，而是只要透過「表現」可以被認定為如此的，都是此處所討論的對象。裸露確實是中性的，例如說我們若在實驗室中看到全然無遮掩的女體，會產生性慾的情況應該會比在房間中看到無遮掩的女體要低，甚至沒有，所以裸露這件事並不直接地與性慾產生關聯，而必須要視其裸露行為的背景脈絡而定。那麼，大多數在網站上的裸露行為態樣是如何？

許多的裸露仍然是以突出女性的特定部位為主，尤其是胸部與臀部，可能是讓乳房看起來更加地巨大、或是讓臀部看起來更加豐滿，無論是包含人臉與否，照片的重點經常一目瞭然：胸部或者是臀部，或是兩者皆是。而這些照片——尤其是沒有人臉、特寫特定部位的照片——只是讓女性更處於一個受壓迫的地位，即父權社會中受宰制的位置，因為這些照片並沒有破除女性的身體特定部位與「色情」的連結，反而是加強了它。這些照片突出女性的特定身體部位，尤其是透過攝影——擷取特定現實，並把這樣的詮釋強要地施加在他人的觀點之上的權力施展——的方式把這被擷取的現實呈現出來，讓特定的部位繼續被「物化」——也就是讓那部分可以獨立於主體而存在成為（被觀看的）標的。這裡我們就可以回顧文初提到的概念：這裡所說的都是這些行為非意圖性產生的結果（善意假設），故而即便行為者是以女性主義（廣泛指涉以打破父權體制支配）作為自身行動的價值，也就是為了要打破父權社會，但實際上的功能卻完完全全悖反於此。甚至有些進行裸露的行為者，他們的行為原先的目的就是這樣繼續把女性身體特定部位給物化，但這些自認女性主義者的行為者卻誤以為這是打破父權體制的方式。

舉例來說，有些女性或許是覺得想要突破傳統上「女性身體必須被遮掩」的形象假設，所以透過行動來突破對於女性「應該」「得體」的刻板印象。但就算這個刻板印象被破除了，那麼問題就解決了嗎？在這裡的行動者尚未反思及為何起先女性的刻板印象是以身體被遮掩為內容？是否是身體的部位被連結上性慾？如果身體部位被物化的情形依舊，那麼破除「得體與否」是女性自主追求的重點嗎？我想不是的，因為這反而是在自以為勝利的情形下持續地被支配著，諷刺地說，阿Q被人打時稱己為該人之老子的精神勝利法其實與此相差不太遠了。

那麼到底怎麼樣才能稱作是一種對於父權體制的支配性結構能有效破毀的行動？

我認為唯一能代表的就是解放乳頭運動（free the nipple movement）。這運動以女性裸露乳頭，包括上街、上傳裸裎上身的照片還有其他類似的諸多行動態樣為內容，而其宗旨以女性乳頭與色情之間的連結破除為目的。這是個正當的目的，是因為乳頭這項生理器官男性與女性都有，卻只有女性的乳頭與色情具有關聯性（尤其刺激乳頭兩性都會同樣感到興奮），因此很明顯地這裡出現了基於性別才有的差別待遇，然而這個差別待遇並不正當。那麼解放乳頭運動中的內容，例如女性裸裎上身拍照上傳到網站上，與稍前所提及的性感照差別何在？公共性（publicity）。這不只是行為的目的與功能的區別而已，更且還是行為從行動到運動，從私人到公共領域的轉變，從個體到集體才讓運動得以可能。

所謂的集體，粗略地說並不是一個「具體」的概念，也就是沒辦法以幾個人以上來論斷，例如法律上就「結夥」的概念定性為三人以上，但是這是基於審判上不得不的、必要的明確化，其實我們也能去問：為何不是四人？兩人？五人？十人？換言之，這就像去探問到什麼樣的心證門檻我們才能判決某方勝訴、某方無罪一般，這種無法被量化之物若是被強要去量化，就會產生不和諧的扞格。在這裡我們無需去製造這種麻煩來困擾自己。那麼集體重要的是什麼？是歸屬與認同。從認同說起或許會比較容易理解，現代的民族國家在安德森的《想像的共同體》說道，現代民族（nation）國家（state）重要的並非有著共同的血緣來源、地理來源，而是有共同的民族認同，這個民族認同或許會創造出新的歷史敘事、建構出這個「民族」之中所共有的起源性，那麼這個群體因為享有共同的認同，也會形成對該群體具有歸屬的認知。

換句話說，並不是需要三人（或更多）袒胸露乳地走在路上，或是要三人（或更多）同時或分別上傳無上衣的照片，即便是一個人獨身裸露上身在街上行走的女性，也會因為她具有對這個運動價值的認同，以及與這個運動的參與者所共享的歸屬，而讓她成為這集體的一份子、讓她的行動成為整個運動的一部分，因此具有了公共性——這認同與歸屬，就是破點（breaking point）。

基於目的的實踐或許在短時上會產生些預期以外的功能，例如路上的行人們仍然暫時地會在女性的乳頭與色情的連結上產生色慾反應，但這只會是暫時的，尤其這也是必然的，畢竟正是因為有先前這樣的連結存在，才有欲破除此不當連結的這群運動與這群運動者的出現。但是隨著時間的經過——我們可以想像該運動者這般的行為會造成社群上的影響，而可能使得這個運動成為媒體的焦點——原先的目的所欲形成的新型社會樣態——沒有不當連結的社會樣態——或許微小但絕對地在成形。尤其，這樣的行動——運動，可不是艾倫・強森在描述父權社會時，選擇一條與「阻力最小的路」不同的路，因此增加原先該路徑的阻力而已；相對地，這樣的運動正是選擇了一條與原先「阻力最小的路」截然相對的「阻力最大的路」，直接地挑戰整個社會對於女性身體特定部位物化並將該部位與色情產生連結的觀念。而這樣的行動者——運動者，因為他們行為的公共性質，才使得他們的行為具有破除父權社會桎梏的潛力。

因此，若我們想要參與公共事務，或是改變這個社會，我們不僅必須要去考量到目的與功能的差異，以免目的與功能之間不僅有落差，甚至導致截然相反的事態。此外，也必須要有一個可以歸屬的群體，而這群體之間享有共同的（價值）認同，進而在此目的之下所產生的實踐，才能讓個人的行動成為運動的一部分，讓個體的行為具有集體行動的性質。破點從來就不是人數的疊加導致「量變產生質變」這樣直觀而天真的過程，也不是在實踐路途上會產生的一個轉捩處。所謂破點是指：「在行為之初，因為有著歸屬與認同，以及基此所具備的公共性，讓行為自始即不只是個體的行為，而是集體的行動。」也只有集體的行動以及其中所帶有的公共性，才讓社會有改變的可能。

—跋—
書是什麼？

寫序跟跋我覺得是很有趣的事情，在我的閱讀習慣中肯定是從頭看到尾的，所以所有的書籍都是先從序開始，看到可能是導讀、可能是推薦序或是內容簡介，然後才是正文，在書的最後才會有跋或是後記，寫下作者想說的話。這些話可能跟書的內容無關，但就是囈語一般的輕淡才讓人能悠哉地享受結尾，或結尾後的一段文字。

不過在寫這篇跋時反而我的全書才即將完成（想先談這部分的議題），所以身為作者的現在的我跟身為讀者的之前的我，還有以後的我，面對文本時是有著全然不同的體驗。具體來說並不是篇章安排上的目的性，倒不如說理解到每篇文本的篇章安排充斥著偶然，而在每一本著作的定稿之前都有不同的可能性，亦即，每個文本的產生都是那麼的恰巧，更不用說每一個讀者都是獨特的，對於文本也會基於自身的經驗與智識而有不同的體會。

這就像認識到「我為什麼在這裡」一樣地奇妙。

而這本書的完成也有賴於與友人的討論，這個群組叫做「讀輸人」，對我最主要推促的地方是其中一名成員說道：「你應該要跟編輯討論，這本書出去、作者已死後，會留下什麼意義。」這句話讓我原先與懷君編輯討論本書定向時所確立的「公民社會」主軸更加突顯，也更讓我明瞭到一個著作成型後的影響，所以著手進行許多文章的修正與增補，以及新文章的撰寫。

這也與我對書的理解、想像有關，畢竟正是這樣的理解影響了我對於這本書的期望。

在序中提到我曾經深受強迫症的困擾，所以當時閱讀這件事情對我來說是個不得不遵循的義務，是我創造來綁縛自己的教條；是我對於曾經荒唐糜爛的恐懼，強迫自己追求知識，所以我對知識的追求是感到焦慮的。我去算每個人的平均壽命，再去算我還有幾年的時間，再去算我平均多久看一本書，最後得出我這一輩子還能再看幾本書的結論。這當然很悲觀，光是結論可定、答案有限就是一個悲觀的事實，因為人本來就是走向死亡的。如果真的要說這是什麼樣的狀態，可以說除了閱讀之外其他的事情對我而言都壓縮到閱讀的時間，吃飯、睡覺、約會全部都是擠壓這個時間，甚至看一本爛書的時間就會剔除掉看一本好書的時間（叔本華〔Arthur Schopenhauer，一七八八—一八六〇〕在 *On Reading and Books* 稱這為「不閱讀的藝術」）。強迫症與非強迫症的差別在於某些行為或想法會不會成為困擾該人生活的焦慮，在我的情況，這些事情會。

偏偏我開始閱讀又是很晚進的事情，考試用書不算的話，在大學畢業那年通過律師考試後我才開始接觸「課外書」，是在準備考試時，從書局中的教科書旁發現一些像是課外書的東西開始（那些當然就是與法律有關的課外書）。從那時起會從誠品的暢銷挑一些排行前幾名的書，或是一些擺放在能讓消費者目光定著的位置的書，那些書都有吸引人的標題，例如××力、××的力量、××是天賦、××計畫。那時我無法辨識書的品質，同時我必須要遵守我的教條，所以必須要不停地閱讀，因為時間有限。

但越是閱讀就越能對書產生鑑別的能力，從超譯尼采（畢竟那時在誠品的暢銷排行榜上有名）到真正去讀《善惡的彼岸》（*enseits von Gut und Böse*），從看一些聳動標題的商業書籍到去讀卡夫卡（Franz Kafka，一八八三—一九二四）的《變形記》（*Die Verwandlung*）、《城堡》（*Das Schloss*）、《審判》（*Der Process*），感受其中的詭譎與荒誕；卡繆的《異鄉人》、《薛西佛斯的神話》與《反抗者》，去理解存在主義是怎麼一回事；彌爾的《論自由》與《效益主義》（*Utilitarianism*）去認識到所謂自由主義與倫理學中的功利主義的思想是什麼；涂爾幹（Émile Durkheim，一八五八—一九一七）的《社會學方法論》（*Les Règles de la Méthode Sociologique*）去看社會學三大支柱之一把社會作為觀察客體一般的研究方式；韋伯的《社會學的基本概念》（*Basic Concepts in*

Sociology）對理想型的提出，佛洛姆的《逃避自由》對自由、安全悖反與納粹群眾的分析；彭明敏《自由的滋味》對戒嚴時期臺灣知識分子的流亡經驗書寫；胡晴舫的《旅人》中對於旅行一事各個方面的哲思。

從原先的那些書籍到後來的這些書籍其實歷時不長，畢竟從我開始閱讀到現在相較於許多讀書人已經是非常短暫，但原先那些書籍（××力之類的）也不過占了我閱讀的所有書籍的百分之五不到，那這個問題能從「量變產生質變」的陳腔濫調得到解答嗎？

我想答案是否定的。因為大部分的人原先看暢銷排行榜上的那些書，十年後還是在看那些書，可能是心靈上的雞湯、還是告訴你怎麼做筆記，甚至告訴你該怎麼讀書、讀什麼書。這些書的閱讀或是暢銷或許可以說是「現代人心靈空虛」等等，當然我並不支持也不反對這樣的論據，因為我並沒有深入了解過這種論據背後的理由，但我認為福塞爾（Paul Fussell，一九二四—二〇一二）的《惡俗》（*BAD, or the Dumbing of America*）裡頭說的可以解釋這樣的現象：

> 糟糕（bad）與惡俗（BAD）之間有什麼區別？糟糕就像人行道上的一坨狗屎，一次留級，或一例猩紅熱——是某種沒有人會說好的東西。惡俗不一樣。惡俗是虛假、粗陋、毫無智慧、沒有才氣、空洞且令人厭惡的東西，但不少美國人竟會

被說服，相信它們是純正、高雅、明智或迷人的。

或用作者的舉例：

> 割破手指的浴室水龍頭手柄是糟糕的，一旦鍍上金，它們就變成惡俗了。不新鮮的食物是糟糕的，若餐館刻意奉上不新鮮的食物，還要賦予『美食』之名，那就是惡俗了。

簡單來說，這些書的暢銷、這些讀者讀這樣的書，只不過是想滿足自己認為——或自己認為別人認為自己——有在進行閱讀這件事的想像。但實際上沒有。

這樣的東西其實我不願稱其為「書」，我不認為這樣的東西具有「書」的適格性。書不應該只因為有文字印在上面就稱作書，那太廣義了。這裡說應該是有規範性意義的 ought to，也就是說，紙張上謄印的應該要是作為一種思想與知識的載體的文字，那樣才能稱作為書。《華氏四五一度》（*Fahrenheit 451*）中智者法柏對消防員蒙塔格說：

> ……書只是一種容器，儲存許多我們害怕自己可能會遺忘的智識。書本身並沒有

> 魔力，完全沒有，魔力只存在於書中所記載的內容，它能拼湊起整個宇宙的片段，成為我們的衣裳。……

這就是書應該要有的東西，反過來說，不具有這樣的東西就不是書。

所以若從今日的後見之明去思考為什麼我沒繼續看那些假性安慰自身的東西，或許是因為當時我對於知識的強迫性渴求，所以我不斷地不斷地找，而當時這些東西沒辦法提供任何知識給我，所以我才能把這些東西給淘汰，然後進入具有知識性的「書的領域」吧。（或許那些東西也不會是《華氏四五一度》裡頭消防員會焚燒的吧。）

閱讀與寫作本身就是一種反社交性的活動，也就是說，與書有關的事情都會是很個人的，所以即便像是組成讀書會，也不會因此就讓每個成員能獲得其他成員的經驗值，終究必須要讓這些印上紙張的墨跡進入眼簾才能「獲得」。然而更重要的是必須要反思（reflect）這些「獲得」，才能成為思想的材料，更進一步成為思想本身。叔本華這樣說：

> 所有這些能被總結為被放在紙張上的思想不過是沙上的腳印：一個人看見了另一個人已經走過的路，但為了知道他在路上看到了什麼，需要他自己的眼睛。

到這裡我想至少能粗略地闡述出我對於書的看法：「書」的概念中最重要的特質就是具備知識，而知識將引領我們走向更深遠的智慧。當然的，不同種類的讀者必然地會聲稱他們所閱讀的東西中具備著知識，也帶著他們走向了智慧，他們或非強詞奪理，而是真心地相信，所以才會有如：「走路也是一種哲學」、「吃飯也是一種哲學」這種荒謬的斷語。我們從閱讀中得到了知識、走向了智慧，而「哲學是什麼」這個問題的答案，就能去回答我們閱讀是為了什麼，以及書是什麼的問題：

「愛智」（philosophia）。

Do觀點63　PF0278

公民社會：

辯護之餘，反思政治、哲學與文化

作　　者／曾友俞
責任編輯／尹懷君
圖文排版／蔡忠翰
封面設計／劉肇昇

出版策劃／獨立作家
發 行 人／宋政坤
法律顧問／毛國樑　律師
製作發行／秀威資訊科技股份有限公司
地址：114 台北市內湖區瑞光路76巷65號1樓
電話：+886-2-2796-3638　傳真：+886-2-2796-1377
服務信箱：service@showwe.com.tw
展售門市／國家書店【松江門市】
地址：104 台北市中山區松江路209號1樓
電話：+886-2-2518-0207　傳真：+886-2-2518-0778
網路訂購／秀威網路書店：https://store.showwe.tw
國家網路書店：https://www.govbooks.com.tw

出版日期／2020年11月　BOD一版　定價／300元

獨立作家
Independent Author
寫自己的故事，唱自己的歌

公民社會：辯護之餘,反思政治、哲學與文化 / 曾友俞著. -- 一版. -- 臺北市：獨立作家, 2020.11
面；　公分. -- (Do觀點；63)
BOD版
ISBN 978-986-99368-1-1(平裝)

1.社會哲學 2.公民社會

540.2　　109014817

國家圖書館出版品預行編目

讀者回函卡

感謝您購買本書，為提升服務品質，請填妥以下資料，將讀者回函卡直接寄回或傳真本公司，收到您的寶貴意見後，我們會收藏記錄及檢討，謝謝！如您需要了解本公司最新出版書目、購書優惠或企劃活動，歡迎您上網查詢或下載相關資料：http:// www.showwe.com.tw

您購買的書名：________________________________

出生日期：________年________月________日

學歷：□高中（含）以下　□大專　□研究所（含）以上

職業：□製造業　□金融業　□資訊業　□軍警　□傳播業　□自由業

□服務業　□公務員　□教職　□學生　□家管　□其它_____

購書地點：□網路書店　□實體書店　□書展　□郵購　□贈閱　□其他

您從何得知本書的消息？

□網路書店　□實體書店　□網路搜尋　□電子報　□書訊　□雜誌

□傳播媒體　□親友推薦　□網站推薦　□部落格　□其他_________

您對本書的評價：（請填代號　1.非常滿意　2.滿意　3.尚可　4.再改進）

封面設計____　版面編排____　內容____　文／譯筆____　價格____

讀完書後您覺得：

□很有收穫　□有收穫　□收穫不多　□沒收穫

對我們的建議：________________________________

____

____

____

請貼
郵票

11466
台北市內湖區瑞光路 76 巷 65 號 1 樓
獨立作家讀者服務部　　收

（請沿線對折寄回，謝謝！）

姓　　名：＿＿＿＿＿＿＿＿　年齡：＿＿＿＿　性別：□女　□男

郵遞區號：□□□□□

地　　址：＿＿＿＿＿＿＿＿＿＿＿＿＿＿＿＿

聯絡電話：(日) ＿＿＿＿＿＿＿＿ (夜) ＿＿＿＿＿＿＿＿

E-mail：＿＿＿＿＿＿＿＿＿＿＿＿＿＿＿＿